タイムトラベル
世界あちこち旅日記

益田ミリ

毎日文庫

はじめに

タイムトラベルするみたいに１９８７年～２０１９年までの世界の旅を振り返ってみることにしました。

ポーランドで飲んだおいしいおいしい発酵スープ。

台湾で食べた花の香りの温かいお団子。

ベルギーではベルギーワッフルとバケツいっぱいのムール貝。

口の中を世界の味にしながらあちこち思い出旅行に出かけていきました。

益田ミリ

目次

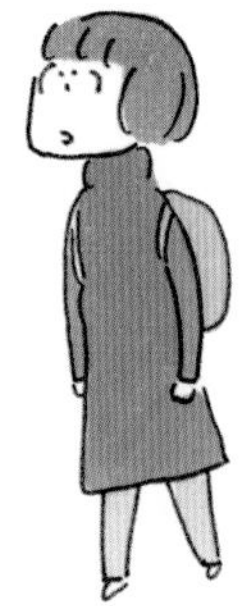

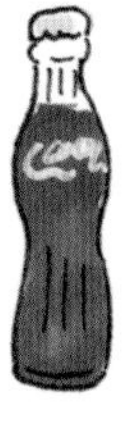

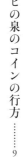

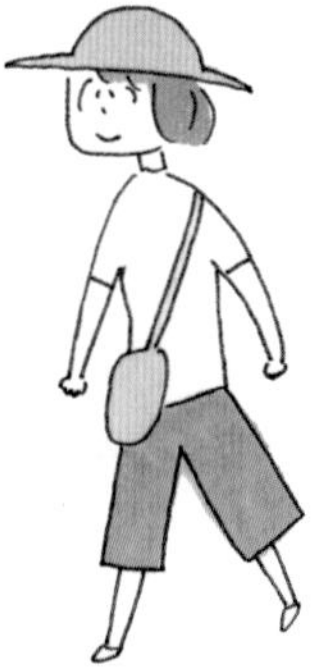

装画・挿画　益田ミリ
装丁・本文デザイン　横須賀拓
校正　有賀喜久子

VISAS

1 イタリア Italy

トレビの泉のコインの行方

MM0123456

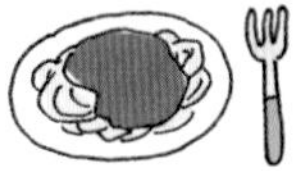

初めての海外旅行はイタリアだった。1987年。美術学校の研修旅行だからとにかく大所帯。

さまざまな名所を観光バスで巡ったはずなのに薄ぼんやりとしか記憶にない場所も多く、ピサの斜塔に関しては、

「ホンマに斜めやな」

隣にいた友達に見たまんまの感想を述べている瞬間しか覚えていないのだった。

さて、イタリア観光はローマからスタート。

カトリック教会の総本山サン・ピエトロ大聖堂の前にあるサン・ピエトロ広場へ。30万人を収容できる大きさなのだとか。

284本の円柱がぐるりと広場を囲うように並び、広場の中心にそびえ立つ石像の記念碑オベリスク。すべてが壮大すぎてベストショットがわからない。デジカメなき時代であ

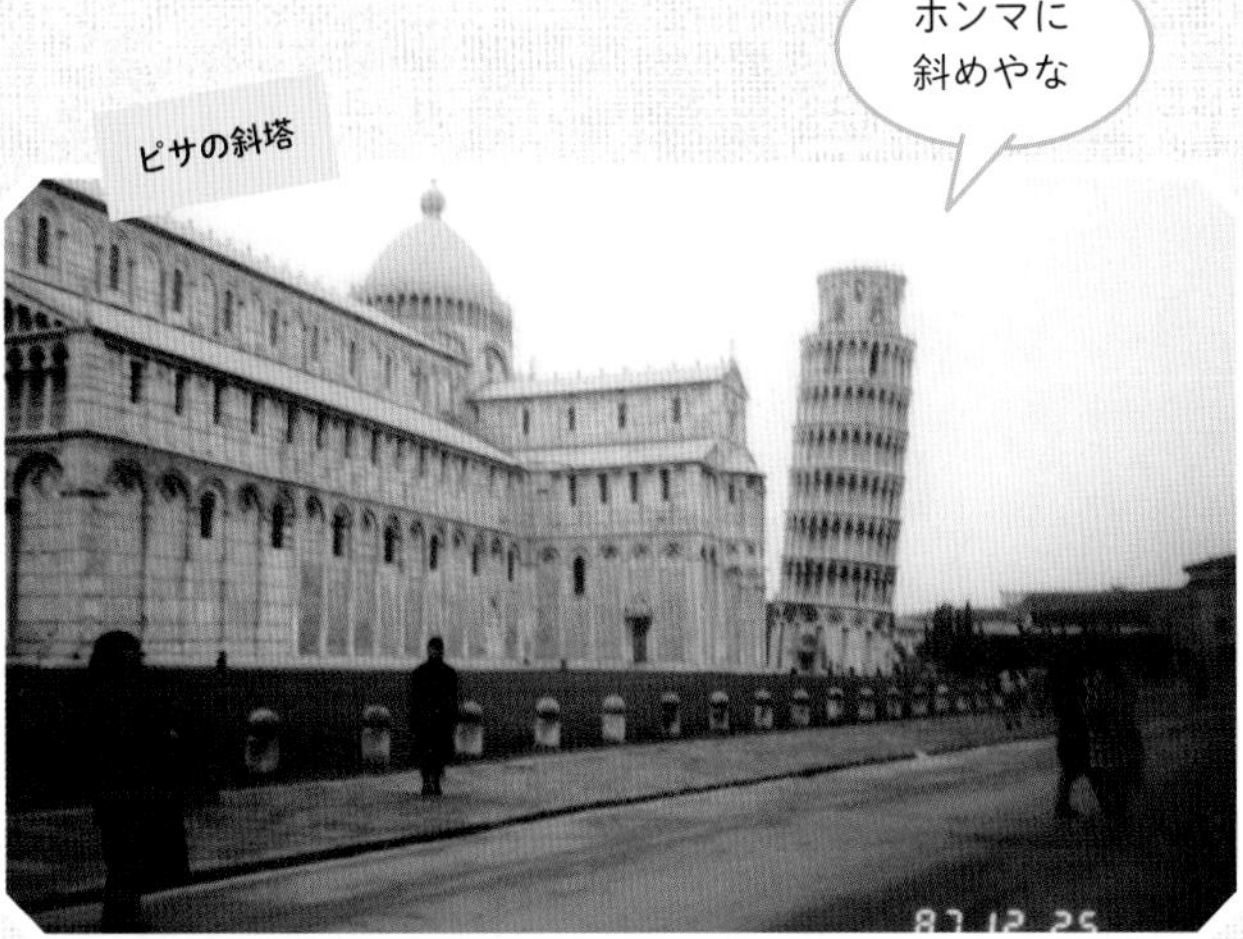
ピサの斜塔
ホンマに
斜めやな

ピサ大聖堂の鐘楼。1173年建設直後から傾き始めたとか

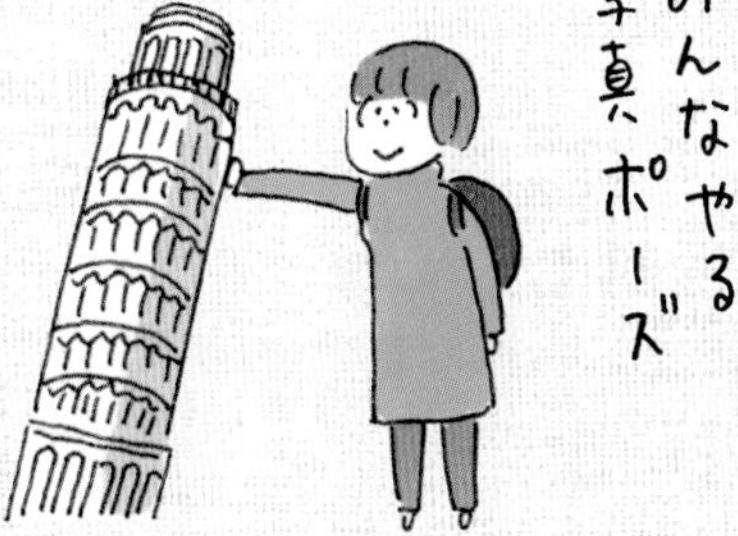
みんなやる
写真ポーズ

るからして、むやみやたらにシャッターを押すこともできず、頭を抱えつつ写真を撮った。ヴァチカン市国の中にあるサン・ピエトロ大聖堂も見学した（ようだ）。旅の間つけていた日記によると「彫刻がきれい」「涙が出たくらい感動」とある。最近買ってみた『るるぶ　イタリア'21』にある写真を見ると、本当だ、すばらしく美しい。

わたしはこれを見たことがあるのだなぁ、まったく覚えてないけれども。しみじみとガイドブックを眺める。

カタコンベは共同の古代地下墓所である。有名なのはサン・カッリストのカタコンベ、サン・セバスティアーノのカタコンベ、ドミティッラのカタコンベ。自分がどこのカタコンベに行ったのかは不明だが、とにかく行ったのだ。なぜなら「カタコンベは地下都市のようだった。ドキドキした」と日記に書いてあるからである。

ポンペイにも訪れた。古代ローマの商業都市として栄えたポンペイは、火山噴火によって灰にのみこまれ消滅した街である。その後、発掘され、古代ポンペイの街全体が世界文化遺産に登録され観光名所となっている。

想像していたよりも街の姿が残っていた。よくぞ土の下から発掘したものだと、ガイドさんの話に感心しながら見てまわった。

「はい、ここは公衆浴場だった場所です」

「ここはマーケットです。そして、こちらはパン屋さんです」

まるでタイムマシンで過去を見てきたかのような堂々たる説明に「ホンマはパン屋じゃなかったかもしれんよな～」なんてことを思いつつ、ふむふむと話を聞いた。

一夜にして失われた街、ポンペイ。その一夜だけ出張で遠くに出かけていた人はひとりぼっちになってしまったのだろうか。それとも火山灰は出張先まで押し寄せてきたのだろうか。

コロッセオ、スペイン広場、ポンペイの遺跡、ナポリなどを観光したのち、一行はフィレンツェへ。ウフィッツィ美術館でボッティチェッリの「ヴィーナスの誕生」を見た（ようだ）。この旅では多くの名画や彫刻を見たはずだが、唯一はっきりと覚えているのが、広場にあったダヴィデ像の原寸大レプリカである。当時、まだ大人の男性の股間を見たことがなかった18歳のわたしは目のやり場に困り、でも、しっかり見たのであった。

『ローマの休日』のアン王女は、訪問された都市の中でどこが一番気に入ったのかと記者に聞かれ、「ローマです」と答える。いろんなところを周遊したイタリアだったが、わたしもローマの街での自由時間がなにより思い出深い。

歩いていると、

「ＨＯＮＤＡ！」

「KAWASAKI!」

と声をかけられ、なぜか笑顔で手を振った。日本といえばホンダとカワサキのバイク。そういう時代だったのだろう。

友達三人と、ランチにパスタを食べた。

カウンター10席ほどの小さな店だった。トマトパスタを注文すると、さらさらのトマトソースがかかったパスタがあっという間に出てきた。

他に客はおらず、店番の若い男の子が話しかけてきた。

と言っても、互いに英語がわからないので身振り手振り。

僕の名前を日本語で書いてほしい。

紙とペンを持ってきた彼に頼まれた。

せっかくだから漢字で書いてあげようよ！

わたしたちは頭を突き合わせ、あれやこれやと相談しつつ彼の名を漢字で書いて渡した。

それは不思議な体験だった。

誰かに名前をプレゼントしたのは初めてだった。むろん、彼にはもともとイタリア語の名があるわけだが、漢字部門はわたしたちが担当するのだ、という喜びがそこにはあった。

適当な当て字にはしたくなかった。できるかぎり良い意味を持つ漢字を選んであげたかった。この先、もう二度と会うことがないのはわかっていても関係ない。ひとつひとつの漢字が持つ力で、彼の人生を守ってあげたいような、そんな気持ちだった。お礼にと、彼もイタリア語でわたしたちの名前を書いてくれた。

トレビの泉ではコインを投げた。

コインが一枚なら再びローマに来られる。二枚なら恋が実る。三枚なら別れたい人と別れられる。たしか、そんな話だった。わたしも後ろ向きになってコインを投げた。確実に泉に入れたかったから、人をかき分け、かなりの近距離から放り投げた。

「何枚投げた?」

友達に聞かれ、

「一枚」

と答えた。

でも、本当は二枚だった。

恋をしていたのである。

好きで好きで大好きで、しかし相手にされていなかった。

もはやトレビの泉に頼るしかあるまい!

わたしのコインは泉に入った(と思う)。だから、旅の間中、ちょっと浮かれていた。

日本に帰ったら、突然、告白されるかもしれぬのだ。

恋は実らなかった。けれど、迷わず二枚にしたあの時の自分が今ではまぶしい。恋っていいなぁと思う。

あれから長〜い月日が流れた。ローマのパスタ屋の男の子も、当時片思いしていた男の子も、わたしと同じくすでに立派な中年。彼らの幸せを願う義理はないが、どちらか選べというならイタリアの彼の幸せを願いたい。わたしは漢字の名付け親のひとりであるのだから。

2

ベルギー

Belgium

ベルギーワッフルとホイップクリーム

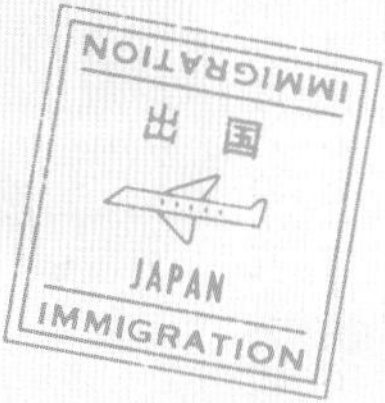

MM0123456

日本でベルギーワッフルがちょっとしたブームになっていた頃、ベルギーでベルギーワッフルを食べたのだった。

当時、友達の友達がフランスに住んでいるというので、

「せっかくだから家に泊めてもらおうよ！」

ふたりで押しかけ、そのときそろってベルギー観光に出かけたのである。

友達の友達というのは日本から留学中の男の子で、フランス北部、ベルギーとの国境に近いリールという街に住んでいた。

当時の写真が出てきた。

１９９９年と記されている。

駅での一枚があった。わたしの背後に写っているのはユーロスター。日本でいうところの新幹線のような高速列車である。

乗ったことをまったく覚えていない。こんなに立派な列車だというのに。

首都ブリュッセルのカフェで、ベルギーワッフルを食べている写真もあった。ワッフルには大量のホイップクリームがのっている。このホイップクリームはスプレー缶のようなものからプシューッと押し出されたものだった。わたしが座っていた席から厨房が見え、スタッフのひとりがプシューッと盛りつけていた姿が焼きついているのだ。ユーロスターは忘れているのにホイップクリームは覚えている。人の記憶とは本当に不思議なものである。

ブリュッセルといえば、世界でもっとも美しい広場といわれている「グラン・プラス」。四方をお城で囲んだような広場とでも言おうか。

ひとつの場所にこんなにたくさんの美しい建物を集結させるなんてもったいない。バラけさせて他のとこに建てれば観光名所が増やせるで！

つい思ってしまうほどゴージャスな広場である。

ひときわ存在感を放っていたのが高い塔の上に金色の守護天使が輝く市庁舎。大勢の観光客が、反り返りながら写真を撮っていた。

広場に面したオープンカフェでお茶をしたあと、我々は小便小僧を見に行った。放尿する少年の像だ。観光名所であるが「世界三大がっかりスポット」のひとつと言われているとか。ちなみにあとのふたつは、デンマークの人魚姫像とシンガポールのマーライオンであるらしい。

わたしは全部見たけれど、ガッカリする理由がなかった。地面から生えてきたわけでなし、どれも人の手によって作られたのである。粘土で模してみろと言われてもなかなかできるものでもあるまい。

たしかに小便小僧像は消火器ほどのサイズで、小道の曲がり角のような場所にあった。しかしである。小便小僧像に迫力がありすぎるのもいかがなものか。

調べてみれば、この小便小僧はかなりの衣装持ちであるらしい。世界中から彼のための衣装が贈られているのだ。普段は裸のままだが衣装を着る日のスケジュールが近くに張り出されているそうだ。ちなみに彼は日本の甲冑《かっちゅう》も持っている。「小便小僧衣装ミュージアム」なるものがあり、２０１７年のオープンなので行けなかったわけだが、これはかなり見に行きたい。

そう、わたしはもう一度ベルギーに行きたくなっている。

というわけで、最新ガイドブック『aruco ベルギー 2020-21』を買ったところ、こりゃ行くしかないと思ったのだった。

ゴディバ、ヴィタメール、ピエールマルコリーニ。忘れていたがベルギーは有名チョコレートブランドのお家元。
ガイドブックにはチョコ好きのために「チョコレート三昧の1日モデルプラン」が載っていた。朝食はチョコレートショップの二階でホットチョコレートとチョコパン。次にチョコレートショップが集まるグラン・サブロン広場でチョコを買い、その後チョコレートの歴史を学び、ランチはチョコワッフル。しめはビアカフェに寄ってチョコビールで乾杯。旅なのだ。これくらい浮かれたってよいではないか。チョコといえばベルギー第二の都市アントワープにあるチョコレートショップも紹介されていた。店名は「ネロ」。世界名作劇場で涙した『フランダースの犬』の主人公の名前である。あの物語の舞台がベルギーとは知らなかった。少年ネロが愛したルーベンスの絵はアントワープのノートルダム大聖堂で見ることができ、その前の広場にチョコレートショップ「ネロ」がある。ネロとパトラッシュ（飼い犬）のイラスト付きチョコやビールが写真付きで紹介されており、お店の女性が「郊外にあるアトリエで手作りよ」と笑っていた。いつか行きたいものだなぁと熟読してしまった。

さて、話は戻り、我々は小便小僧像を見た後、ベルギー名物の蒸しムール貝を食べに行った。貝殻をトングのようにして貝の身を食べるのがツウらしく、貝トングで鍋一杯のムール貝を平らげた。

ベルギーは半日観光しただけで、日帰りでフランスに戻ったと思っていた。けれどもガイドブックをめくっていると記憶がよみがえってきた。

違う。わたしたちはベルギーで一泊した。ブリュッセルから列車に乗り、ブルージュという街に行ったではないか。

ブルージュに到着したのは夜だった。夜道を歩き、予約していた小さなホテルにたどり着いた。玄関はすでに閉まっており、脇の通路から奥に進んでフロントに行った。一階の部屋に案内された。荷物を置いてとにかく晩ご飯を食べようと外に出た。通りに人影はなく、静かだった。歩いていると100メートルくらい先に明かりが見えた。小さな店だった。三人でカウンターに並んで座り、何か食べた。エスニック料理だったような気がする。

楽しいなぁ。

わたしはあの夜、確かにそう感じていた。日が暮れてから着いた知らない街。適当に予約していた安ホテル。誰がどう見てもわたしたちは未来ある若者で、そう見られていることが自慢でならなかった。

翌朝、ホテルで朝食を摂り、チェックアウトを済ませると観光に出た。レンガ造りのかわいい街並み。運河があった。川沿いを「寒い寒い」と言いながら散歩しつつ、ブルージ

小便小僧

意外に衣装持ちらしい小便小僧。ジュリアン君という名前がある。イベント時にはビールが出てくるらしい

ブルージュで泊まったホテルの黄色い看板

ュは繊細なレース編みが有名なので、扱っている店をのぞいた。

最新ガイドブックには、運河クルーズやビール醸造所めぐり、オシャレカフェやオシャレ雑貨の店が紹介されており、静かな街だったという当時の印象とはずいぶん違う。これはこれで楽しそうで、やっぱりベルギーまた行きたいなぁという気持ちに。

ベルギーで一泊二日。

フランスに戻るユーロスターの窓から、わたしはどんな景色を見ていたのか。

友達の友達だった青年はデザイナーを目指しフランスで勉強していた。わたしは駆け出しのイラストレーターだった。

レールの先にはなにが待っているんだろう?

揺れる列車の中、一度きりの人生について思いを巡らせていたのかもしれない。

VISAS

3

フランス
France

パリでオペラを

MM0123456

10代、20代、30代、40代。

フランスにはこれまで4回旅をして、うち3回は真冬。40代だけが春だった。

1987年（18歳）

年の瀬。学校の団体旅行で訪れた初めてのフランスはクリスマス一色。ノートルダム寺院、コンコルド広場、エッフェル塔、ヴェルサイユ宮殿、モンマルトル、ルーヴル美術館。観光名所をざざっとまわった。

ルーヴル美術館の「モナ・リザ」に驚いた。

「あちらがモナ・リザです」

引率のガイドさんが指差す先にあったレオナルド・ダヴィンチ作「モナ・リザ」。

モンマルトル

初めてのパリ。街中の階段まで「映画の中みたい」と写真を撮った

シャルトル大聖堂

あれが、あの？

想像以上に小さい。回覧板くらいの絵のまわりに人だかりができていた。

改めて調べてみたところ「モナ・リザ」は縦77センチ、横53センチ。少なくとも回覧板よりかは充分デカい。ルーヴル美術館が広すぎて感覚がおかしくなっていたのだろう。世界の至宝を前に「めっちゃ小さい」という感想しかもてなかったことが悔やまれる。

自由行動の夜。イルミネーションに輝くパリの街を友達三人と歩いた。せっかくだしと、シャンゼリゼ通りのレストランに入ってみた。

メニューを開く。なにひとつわからない。

「これと、これと、これをシルヴプレ」

適当にメニューを指差してオーダーした。

ナニがくるだろうね？

ナニかわからないものを注文したのがおかしくて、ずっと笑っていたわたしたち。ナニを食べたのか覚えていないが、ナニかを待っていたあのわくわくだけが残っている。

1997年（28歳）

初めてのフランスから10年、女友達三人でのフランス旅行。建築好きのひとりが、ル・コルビュジエ設計の「ロンシャンの礼拝堂」を見たいと言うので、ならば、行こうとパリから列車に乗った。

ロンシャン地方はスイスにも近いフランスの東部。写真のわたしたちはマフラーと手袋を身につけている。旅費を安く抑えるためオフシーズンだったのだが、まつ毛が凍るほどの寒さだった。

「ロンシャンの礼拝堂」を見たときの衝撃は忘れられない。霧が立ちこめる中に、大きなきのこのような建物が現れた。

「なんか、すごい！」

建物に近づいていくのだが、近づけば近づくほど遠近感がおかしくなった。

コンクリートの壁にサイズや形がバラバラの窓。牛の鼻に見える雨樋《あまどい》や、屋根にそびえるカマボコ型の突起物。

こんなに自由な建物をわたしは一度も見たことがなかった。

礼拝堂に入ることができた。中は吹き抜けになっており、長椅子が並んでいた。外からは気づかなかったが、窓はステンドグラスだった。薄曇りなのにステンドグラスのカラフルな光が礼拝堂の中に差し込み、壁一面がまるでミロの絵画のような美しさ。「すごいなぁ。こんなにきれいになるって、設計図でなんでわかったんやろな？」

建築家の仕事に感嘆すると同時に、みなで首をかしげた。

ル・コルビュジエが頭の中でイメージしたものの中に、今、自分たちがいる。なんとも愉快だった。

子供の頃、飛び出す絵本を持っていた。ページをめくるたびに立ち上がる三次元の世界。絵には描かれていないのに、森の木々の奥にいる動物たちの気配を感じることができた。わたしは登場人物のひとりになり、飛び出す絵本の中を歩き回った。ロンシャンの礼拝堂はそんな記憶に繋がるような建物だった。

ル・コルビュジエについて、なんの予備知識もなく見た名建築。友が行きたいというから行ってみた。行ってみたらびっくりした。細部のこだわりなど完全に見逃していただろうが、現在の世界ではスマホひとつで調べられる。だからあのとき、「なんか、きれい」というシンプルな感想だけを胸に帰ってきたことも、案外よい経験だったのかもしれない。

この旅では、他にもル・コルビュジエの代表作のひとつ「ラ・トゥーレット修道院」にも訪れている。「光の大砲」と呼ばれる礼拝堂。天井の丸い穴から光が降り注いでいた。ビビッドな赤や黄色の壁やドア。駅からずいぶん歩いた。途中、牛がいたので写真に撮った。記憶はとぎれとぎれだが、それらがみな美しいのである。

数年後、「ラ・トゥーレット修道院」に行ったことがあるという人に会った。

「叩くとドレミの音階になっている窓ガラス、すごかったですよね！」

興奮して話したところ、そんな窓は知らないと言われた。

あれ？　ない？

そういえば窓を叩いている写真は一枚もないのである。

コルビュジエ以外ではゴッホ。パリから一時間ほどのオヴェールにゴッホが描いたという教会を見に行った。

薄曇りの日だった。重たい空の下に建つそれは、まさにゴッホが描いた「オヴェールの教会」そのもの。

ゴッホはこの位置から描きました、という案内板が親切にも立てられていた。むろん、同じ角度から写真を撮る。「オヴェールの教会」はゴッホが自らその生涯を閉じる少し前に描かれたもので、近くの墓地にはゴッホと弟テオのお墓があった。

ロンシャンの礼拝堂

礼拝堂の中

オヴェールの教会

ゴッホが描いた位置から写真を撮る

パレ・ガルニエのシャガール

1999年（30歳）

「パレ・ガルニエ」でオペラを観た。

パリにあるふたつの国立オペラ劇場。パレ・ガルニエとオペラ・バスティーユ。長い歴史があるのはパレ・ガルニエ。完成は1875年。シャガールの美しい天井画が有名である。

女友達とふたり旅。パリでオペラを観てみたいね！　盛り上がったものの、なにぶんオペラ自体が初めて。演目などてんでわからぬので、日本の旅行会社で「なんでもいいので取れたやつで」と手配してもらっていた。予約が取れたのはモーツァルトが1790年に作曲した「コジ・ファン・トゥッテ」。往きの飛行機で戯曲の内容を予習し、当日は小さなパーティーバッグを手に出かけて行った。

日本で入手したチケットは引換券のようなもので、パレ・ガルニエのチケット売り場で精算する手はずになっていた。まごついて開演時間ぎりぎり到着になったせいか、席はもうないと言われる。せっかくドレスアップしてきたのに……。途方に暮れていると気の毒に思ってくれたのか、

「あの人に聞いてみたら?」

出入り口付近に立っていた人物を紹介される。見れば、コートを着こみ苦み走った顔で壁に寄りかかっている男性。え、誰? よくわからんが、いくしかあるまい。今夜上演される「コジ・ファン・トゥッテ」が見たいと言うと、チケットを売ってくれると言う。え、ほんまに誰なん? わたしたちが払う予定だった金額でよいらしいので、チップも渡し礼を言って別れた。内心は「ダマサレテイルノデハ……」である。

係の人にチケットを見せると中に入れた。疑ってゴメン。コートの男性に心の中で謝る。そこはまるで王子さまが暮らす宮殿のようだった。巨大な吹き抜けと大階段。シンデレラがガラスの靴を落とすのにぴったりの場所だ。感動しつつ観客席に入る。はい、でた、天井のシャガール。シャンデリアのまわりをぐるりと囲うように幻想的な絵が描かれていた。

席はどの辺りだろう。係の人が案内してくれるというのでついていく。

様子がおかしい。どんどん前方に突進していくではないか。到着したのは、やや端っこ寄りではあるが舞台がよく見える高級そうな席。いいのか、こんな席で? とはいえ椅子の感じが周囲とは違った。どうやら補助席であるらしい。もはやそんなことはどうでもよかった。パリでオペラが観られるのである。

「コジ・ファン・トゥッテ」。飛行機での予習の甲斐あり、言葉が通じなくても内容はわかる。ふたりの男にはそれぞれ恋人がいる。自分の恋人は浮気をするのかしないのか。賭けをすることになり、男たちは変装し互いの恋人を誘惑する。そんな話だった。衣装もセットも美しく、もろん歌声も美しい。

幕間《まくあい》にバーコーナーでシャンパンを飲みに行ってみた。ドレスの人もいた。気軽なデニム姿の人もいた。どちらでもよい雰囲気だ。ただし、右も左もわからぬ身であれば、きちんとした身なりでいたほうが親切にしてもらいやすい。それは、その夜、外の世界で学んだことだった。

2013年（44歳）

モン・サン・ミッシェルに行く団体ツアーにひとりで参加した旅だった。ツアーにはロワールの古城巡りもついていた。10代の頃の旅にも「ロワールの古城巡り」がついていたが、「バスに乗って大きい建物を見に行ったナ」

二度ともぼんやりした印象である。パリのスーパーマーケットの中をうろうろするほうが、どうやらわたしは楽しいらしい。

モン・サン・ミッシェル

階段が多くていい運動

ホテル近くの大きなスーパーで。丸いのは塩キャラメル

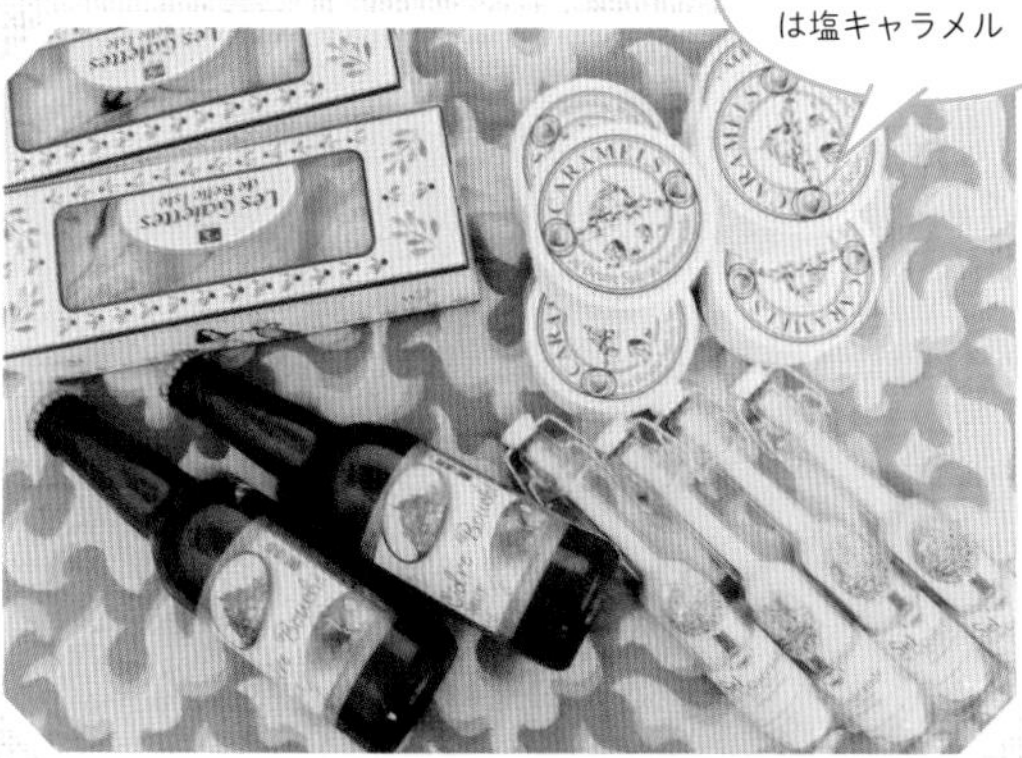

モン・サン・ミッシェル土産

モン・サン・ミッシェルは砂地に浮かぶ小島である。周囲約1キロ、高さ約80メートル。行くまでは城と思っていたのだが修道院なのであった。

王の門をくぐって中に入るとすぐにメインストリート。土産物屋やレストランが並んでいる。

修道院は島の一番高い場所にあり、ガイドさんの話をイヤホンで聞きながらのぼっていく。三層構造になっている修道院。ゴシック様式の美しい回廊などが見所であるが、モン・サン・ミッシェルから見渡す干潟の景色もいい。干潟は野鳥たちの休憩場であり、えさ場でもある。なんとフラミンゴも来るらしい。

自由行動では島の中をひとりでぶらぶら。日本は花粉のシーズンだったが、モン・サン・ミッシェルにはむろん杉花粉もないので思い切り深呼吸。お土産といえば、ゲランドの塩、バタークッキー、リンゴのお酒シードルなどが人気で、どれも「カルディ」にありそうなんだけど、もちろん買わずにはいられなかった。

VISAS

4

ハワイ
Hawaii

「気まずい事件」と冷えたコーラ

MM0123456

まだ会社員をしていた頃、有給休暇をもらい女友達とハワイに行った。バブルが終わって少し経った頃だったが海外旅行ブームはさほど下火にならなかったような記憶がある。「わたしもどっか行かなきゃ」。毎年、急き立てられるように海外に出かけていた。とはいえ、当時の給料は手取りで12万～13万円ほど。実家暮らしだったからそんなこともできていたのである。

さて、初めてのハワイ旅行。

わたしはハワイの楽しみ方をまったく知らなかった。旅行後、ハワイ旅行経験者たちが口をそろえて聞いてきたのは、

「どこに泊まった？」

だった。

そうなのか、ハワイ旅行はホテル選びが重要であったのか。

たしかに、せっかくのリゾートである。ホテルの部屋から美しい海を眺め、ゆったりとした時間を過ごすのはハワイならでは。

しかし、わたしが利用したのは現地自由行動の激安ツアー。部屋から海は見えず、隣のホテルの壁があるだけだった。

ツアーには半日観光が付いていた。日本人十人ほどを乗せたマイクロバスでどの辺りを巡ったのかは忘れたが「気まずい事件」は覚えている。

観光名所に到着し、しばし自由行動となったときのことだ。

添乗員さんに告げられた時間通りにバスに戻ると、

「おいっ、なにしとんねん！　遅いぞ！」

男性の怒声が飛んできた。

わたしと友以外、すでに全員がバスに戻っていた。

やばい、時間を間違えたのだろうか？

とにかく詫びて乗り込んだ。

すると今度はさっきとは違う男性の声が車内に響いた。

「そんなん言うたるなや！　この子ら、ぴったりに帰ってきたやろっ」

思いもよらぬ援護である。

よかった、時間は間違えていなかった……。

とはいえ、狭い車内は静まり返った。楽しいはずの観光が、一転、暗〜い雰囲気に。

それにしてもいきなり怒鳴るというのはなんなのか。「遅いよ、気をつけて」。淡々と言えば済むわけで、しかも我々は遅くもなかったのである。

わたしと友は、その後、自由行動があるたびに誰よりも早くバスに戻り「能面」のような顔で着席してみなの帰りを待つという反撃に出た。バスの中では一切しゃべらない。ただ前を向いて無言。20代のわたしたちが親ほど年上のその男に対抗できる手段など他に思い浮かばなかった。それになんらかの効果があったのかは不明だった……。

どんよりとした半日観光が終了。援護してくれた人に礼を言って別れた。

気を取り直し、日中はビーチで海につかったり、ＡＢＣマートを見てまわったり。

そういえばアレもやったなぁ。

アレが思い出せないので、今、スマホでキーワード検索してみた。

「船の上から凧《たこ》みたいに飛ぶやつ」

出てきた。

パラセーリングだ。

日本の旅行会社でパラセーリングの体験ツアーを申し込んでいたのである。

ハワイにて
ハワイのモールで似顔絵を描いてもらう
記念に
シミまでしっかり描いてありました
ハハハ
………

当日、ホテルまで係の人が迎えに来てくれた。海へ行き、船に乗った。背中にパラシュートを装着し、モーターボートで引っ張ってもらった。凧のようにどんどん空に上がっていった。海が見えた。海しか見えなかった。楽しかった気もする。しかし、その後食べた野菜のインパクトのほうが大きい。

パラセーリング体験後、ツアー会社の人にランチに誘われた。日系の若い男性で、社用車ではなく自分のオープンカーに乗せてくれるという。オープンカーに乗ったことがなかったし、オープンカーにくわしくもないのだが、それはめちゃくちゃ大きな赤いオープンカーだった。

「うわっ、映画のやつやん」

後部座席に乗り込むと、車は走り出した。

湿気のないサラサラした風が心地いい。ハワイでオープンカーに乗っている自分。なんだかイケている人間のように思えてきた（錯覚）。あれ以来、わたしはオープンカーに乗ったことがないし、この先もないだろうから、パラセーリング同様一生一度の体験ということであろう。

大きなショッピングモールに到着すると、我々は一階の広々としたレストランに入った。

「アルファルファって知ってる？」

と聞かれ、知らないと答えると彼がアルファルファのサラダも注文してくれた。わたしはアルファルファなるものをこの日初めて知った。もしゃもしゃした野菜だった。栄養価が高いそうだ。他に食べたもののことが思い出せない。

親切な男の人だった。日本に行ったこともあると言っていた。今でもスーパーマーケットでアルファルファを見ると彼の赤いオープンカーが脳裏に浮かぶ。

親切な人といえば、ハワイで見知らぬ人にコカ・コーラを買ってもらった。

散歩中、街中で瓶入りのコカ・コーラの自販機を見つけた。

「懐かしいなぁ」

友と眺めていたら、地元の青年が英語で話しかけてきた。

「買い方、わかる?」

おそらくそんなセリフだったんだろう。

突然のことにおろおろしていると、彼は自分のポケットから小銭を出して自販機に入れた。

ガタンッと出てきた瓶のコーラ。彼はそれを我々に手渡し、

「エンジョイ!」

笑って去って行った。

世の中には面倒くさい人もいるけれど、親切な人もおるんやなぁ。
海の見えないホテルの部屋に戻り、冷えたコーラをふたりで飲んだ。

ABCマートで
買った帽子は
どこにいったのか

VISAS

5

マレーシア
Malaysia

お土産探しクアラルンプール

MM0123456

マレーシアの首都クアラルンプールのホテルに到着したのは深夜12時過ぎ。仕事の取材でタイへ向かう途中、乗り継ぎのため一泊だけの滞在だった。2001年のことである。同行の編集者とカメラマン。取りあえず食事をしようと三人で表へ出た。

夜空の下、何軒かの屋台が出ていた。そこでなにか買ってみたのかもしれないけれど、最終的に近くにあった「ピザハット」に入った。疲れていたし、暑かった。クーラーのきいた店内で一休みしたかった。

ピザを食べながら、わたしは外の屋台の様子を眺めていた。カラフルなテントの下で飲み食いしている人々。時間も時間なのでほぼ男性だった。

みな、どんな話をしているんだろう？

楽しい話や、深刻な話。家族のこと、仕事のこと。昨日見たテレビ番組のこと。好きなスポーツチーム、いつか行った旅の話。

言葉は違えど、わたしたち三人がピザを食べながらしている話と似たものに違いなかった。

もしわたしがここで生まれ育っていたら、あの屋台の中に自分の恋人がいるのかもしれない。

そう思って眺めてみれば、身近な風景のように思えた。

人は生まれる場所を選べない。けれど、違う場所で生まれ育った自分を想像してみることはできる。

国内旅行をしているときでも、いつも同じような想像をしてしまう。

バスの窓から眺める知らない街。過ぎていく風景の中に「別の自分」を歩かせる。

ここで生まれ育っていたら、わたしはあのスーパーに来ていたかもしれない。今、店に入って行った女性は、わたしの同級生だったかもしれない。

どうしてわたしはそんな想像をするんだろう?

どこで生まれた自分でも誰かと笑い合ったり、おいしい物を食べていてほしかった。

さて、マレーシアである。

ピザハットから一夜明け、ホテルで朝食をとったあと飛行機の時間まで少しあった。

ホテル周辺を散策してみることに。

一泊だけの街ではあるが、なにか記念になるようなものを買いたかった。店を探していると、大きな市場の前に出た。初めて目にするめずらしい野菜、果物、魚。大勢の人で混み合っていた。

わたしはこの市場でもまた想像していたんだと思う。

ここで生まれ育っていたら、母に手をひかれ毎日買い物に来ていたのかもしれない。顔なじみの店のおばさんにお菓子をもらっていたのかもしれないと。

わたしが小学校の低学年くらいまでは、買い物といえばスーパーマーケットではなく市場でするものだった。近所にふたつの市場があり、母は毎日どちらかに買い物に行った。

小さい市場は通りの両側に店が並ぶアーケード型だったが、大きい市場は体育館のようなつくりで、中は個人商店でびっしり。迷路のようにあっちこっちと曲がることができ、子供たちにとってはちょっとした遊び場。マレーシアの市場もいわゆるこのスタイルだ。

幼い頃のわたしの記憶では、大きい市場の入り口にはクリーニング店があった。向かいが和菓子屋。進んでいくと通路が何股かにわかれ、右に折れるとたまご屋があった。

たまご屋さん。

大きな箱の中におがくずがこんもり盛られており、その中にたまごが入っている。客は欲しい個数をカゴに入れ、お会計するシステムだった。

わたしも母の隣でたまごを選んだ。

「お母さん、これは？」

「アカン、ちょっと大きい」

目方で値段が変わるので、大きすぎると却下された。

その店では「ひやしあめ」も売られていた。ひやしあめとは冷たいしょうがのジュースのことで、大阪では夏の定番。注文するとプラスチックのコップに入って出てくる。母はときどきそれを立ち飲みしていた。甘いのにピリリ。大人の飲み物だった。

たまご屋の先には八百屋、その先におもちゃ屋。買い物客で混み合うごちゃごちゃした市場の中はいつも湿っぽくいろんな匂いがして、そして活気があった。

マレーシアの市場の中で子供時代を思い出しつつ、しかし土産になるような品は見つけられず表に出た。

一軒の小さなレコード屋を見つけた。レコードというか、カセットテープ屋。狭い店内にずらりと音楽テープが並んでいた。

そうだ、記念にマレーシアの歌手のテープを買おう！

レジの人におすすめを聞くと、

「それならこれだよ」

ひとつ選んでくれた。

パッケージの写真はダンディーな男性。マレーシアの有名な歌手らしい。帰国後に聴いてみれば、写真のとおりしっとりと色気のある歌声だった。もう一度その曲を聴いてみたいが、手元には残ってはいなかった。

マレーシアで思い出す ひやしあめ

6

スペイン
Spain

夜、バルセロナで闘牛を見る

MM0123456

スペインのシューズブランド「カンペール」の革靴。

バルセロナで買って以来、靴底を張り替えつつ今でも愛用している。スリッポンのようなデザインで、足全体を包み込んでくれるやさしい履き心地。宿泊したホテルの近くに路面店があり、会計後すぐに履き替えサグラダ・ファミリアに向かったのだった。

建築家アントニ・ガウディの代表作、サグラダ・ファミリア。わたしが訪れたのは世紀末。

あれからどのくらい工事は進んでいるんだろう?

最新のスペインガイドブックを買い、当時撮影した写真と見比べてみたところ塔の数が増えていた。そりゃそうだ。結構な月日が流れている。２０２１年12月には2番目に高い「聖母マリアの塔」が完成し、コロナ禍の中の明るいニュースになっていた。

覚えている光景がある。サグラダ・ファミリアの長い長い階段を上り、当時、中の一般

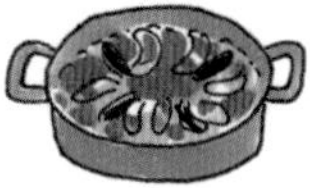

公開されていた最も高い場所にたどり着いたとき、近くにいた観光客が携帯電話でしゃべっていたのだ。

こんなに高いところでも電波が届くのか！

ものすごく驚いたということは、あの頃わたしが持っていた通信機器（ＰＨＳあるいは初期の携帯電話）はそのレベルではなかったのだろう。

この旅でピカソの「ゲルニカ」を観た。あの絵はマドリードにあるのだからマドリードにも何泊かしたはずなのに、マドリードのことをほぼ覚えていない。それくらいバルセロナのインパクトは強烈だった。

ちなみに「ゲルニカ」はスペインのバスク地方にある街の名前。１９３７年にドイツ軍の空襲を受け壊滅的な打撃を受けたあとにピカソが描いたのがこの「ゲルニカ」である。縦約3・5メートル、横約7・8メートル。厳重な警備のもと展示されていたので恐る恐る鑑賞した。


さて、バルセロナのガウディ。

サグラダ・ファミリアのあとは、実業家の邸宅として建てられたカサ・ミラや、大繊維業者の邸宅として建てられたカサ・バトリョなど一通りのガウディ建築を見学する。

「この公園、めちゃくちゃ自由やなぁ」

感心しながら歩きまわったガウディのグエル公園は、まるで土の中から掘り出された恐竜の全身骨格。太陽の影が差し込む長い柱廊はあばら骨のよう。その中を小さくなった自分でちょろちょろ散歩している、そんな気分だった。

女友達とのふたり旅。「やっぱり食べないと!」と何度かパエリアを食べた。いかにも観光客用の店ばかりだったが、オープンテラスの席で嬉々として頬張った。真っ黒なイカスミのパエリア、お米の代わりにパスタを使ったパエリア。楽しい気持ちが加わってどれも何倍かおいしくなっていたのだと思う。


夜、ものすごい騒ぎがあった。

車のクラクションがバルセロナの街のそこここに響き、サッカーのユニフォームを着た大勢の人が通りを練り歩いていた。いや歩くというよりねぶた祭の「ハネト」たちのようにみな跳ねていた。贔屓《ひいき》のチームがサッカーの試合に勝ったんだな、という想像はついたが、スペインでは毎度こんなに熱狂的に喜ぶものなのか? 浮かれているサッカーファンたちの写真を撮っていたら、「写して! 写して!」とどんどん集まってきて、しまいには一緒に肩を組み喜び合ったのだった。

グエル公園

まるで大きな
恐竜の骨

カサ・ミラの屋上

愉快な屋上。
こんなマンションに
住んでみたい

FCバルセロナ優勝の夜

はて、あれは一体なんの試合だったのだろう。

調べてわかったのだが、1999年のあの夜、「リーガ・エスパニョーラ」というスペインサッカーリーグの優勝決定戦が行われていたのだ。FCバルセロナとレアル・マドリードの対戦で、両者は互いに熾烈《しれつ》なライバル関係であるらしい。両チームが対戦する試合はエル・クラシコ（伝統の一戦）と特別に名があるほどで、この試合でFCバルセロナが勝利しリーグ優勝を果たした夜だったのである。

そりゃあ、盛り上がるわなぁ。

当時はなんのことやらわからなかったが、今となってはものすごい夜にバルセロナにいたことを知る。なんのことやらわからなくとも、みなで喜び合うのはよいものだった。

ガウディを観て、パエリアを食べ、ピカソ、ミロ、ダリと三つの美術館を巡り、さらに生まれて初めて闘牛を見に行った。

午前中にチケットを買うようホテルのフロントで教わり、言われた通りに闘牛場へ向かったものの売り場がわからず右往左往。すると地元のふたりの青年が「ぼくたちの後ろに並べばいいよ」と教えてくれた。

「どこから来たの？」

「日本だよ」

すべてスペイン語と日本語の身振り手振り。並んでいる間、スペインのガイドブックを指差しながら「ここに行った、ここも行った」と報告すると彼らはとても嬉しそうだった。闘牛のチケットを買うところまで手伝ってもらい、これから「モンセラット」を観光するのだと告げると、

「無理だ、闘牛の時間に間に合わないよ！」

彼らは、心配顔に。

モンセラットまでバルセロナから電車で往復約2時間。列車の待ち時間や観光の時間を入れれば確かに無謀な計画だった。

モンセラットでの写真を観てもなにも思い出せない。巨大な岩山の街だとガイドブックには書いてある。唯一覚えているのは土産物屋で爪楊枝立てのような陶器の壺を買ったことくらい。とにかく闘牛に間に合うよう帰ることばかり考えていた。

バルセロナに戻ると、大慌てで闘牛場に向かった。闘牛はすでに始まっており満員御礼。通路が見えないくらいぎゅうぎゅうに人が座っていた。

もう、ほんと、びっしり。

この状況で観光客のわたしたちが自分の席を探すなんて不可能だな……。

絶望していたとき、遠くのほうで立ち上がって手を振る人が見えた。午前中の青年たちだった。

やきもきしながら待っていてくれたのだろう。彼らがいたからわたしたちは強引に進んで行けた。旅先であんなに心強い気持ちになったことは後にも先にもないかもしれない。

夜空の下、並んで闘牛を見た。彼らがずっとジェスチャーで解説してくれた。闘牛が終わったあと一緒に写真を撮った。その写真はもうないけれど、大観衆の中、立ち上がって手を振ってくれた彼らのシルエットは胸のなかに残っていて、それはじんわりと温かいものだった。

VISAS

7

ポーランド
Poland

ワルシャワでショパンの調べとピエロギを

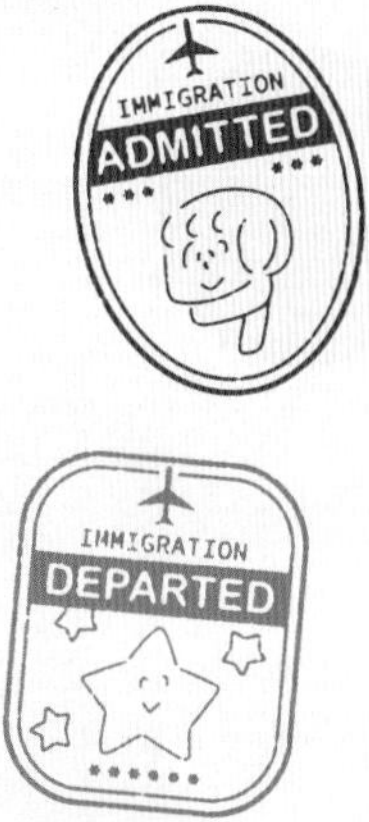

MM0123456

ポーランドを訪れたのは2019年の夏。世界中が新型コロナウイルスに巻き込まれる半年ほど前である。古都クラクフとワルシャワを周るコンパクトなツアーを利用した旅だった。

海外ツアーを利用するたび、添乗員さんたちの仕事ぶりには心底感心する。当たり前だが「はい、こちらです〜」と引率するだけが仕事ではない。バスやレストランでの席の配慮。迷子になった人を探し、体調不良の人を気づかい、ベストスポットではみなの写真を撮り、一日何度も行う忘れ物や明日の予定の確認。添乗員さんの人柄でも旅全体の空気感が変わり、それはそれは高度なバランス感覚を要する仕事である。ポーランドツアーの女性添乗員もまたしっかり者で明るい方だった。

その彼女が言った。

「これまでにいろんな国を旅してきた方が多いツアーだと思います。旅先の話に花が咲く

んじゃないでしょうか」

フランスやイタリアなどいわゆるメジャーな海外旅行を一通り終え、どこか目新しいところはないかな？　という人が選ぶのがポーランドらしい。実際、旅慣れている人がほとんどで、食事のたびに様々な国の話を聞かせてもらえた。おこづかいをため、年に一度、手頃なツアーで海外に出かけているという女性ふたり組がいて、彼女たちの旅先での失敗談がおもしろくてみなで大笑い。

若い夫婦になぜ今回ポーランド旅行にしたのか聞いてみたら、

「今年はどこにも行かないつもりだったけど、移動が少ない旅ならいいかなと思って」

とのこと。

なるほど、そういう選び方もある。海外ツアーでは一日、五時間、六時間のバス移動はざらだが、その点、このポーランドツアーは全体的に移動時間が短い。ひとつの目的地まで長くてもバスで一時間半ほどで、大半は数十分程度。クラクフからワルシャワまでは三時間かかるが、そこはバスではなく列車。車内をうろうろできるぶん身体的にも心理的（トイレに自由に行ける）にも負担が少なく、しかも、クラクフ、ワルシャワどちらも同ホテルに連泊なのでスーツケースの荷造りが二度で済むのも楽なのだった。

さてさて、古都クラクフ。旧市街は世界遺産にも登録されており、中世の姿を残す美しい街並みを楽しむことができる。

見どころはなんと言っても中央広場。広場には、昔、織物の取引所として利用されていた織物会館と呼ばれる大きな建物がある。中に入ると通路の両脇に土産物屋のブースがぎっしり。陶器や琥珀のブローチ、手編みのレース、木彫りの民芸品などがところ狭しと陳列されている。

「織物会館で買いました」

ランチのレストランで同じテーブルになったツアーの女性が、凝った木工細工の小箱を見せてくれた。

知ってる。

素敵だなぁと見ていたやつだ。

でもわたしは買わなかった。その小箱に入れるものがなかったし、あったとしてもクッキーの空箱で足りると思う性分である。

同じ場所に行って同じものを見ても買う土産が違う。いろんな暮らし方、生き方があるのだなぁと二十人ほどのツアー客の面々を見てしみじみ。

「わたしはこれ買った」

クラクフの
クリスマス飾り
「ショプカ」

木のたまご
かわいくてたくさん
かわいいもの
いっぱいで
大変!!

クラクフの織物会館

観光客で大賑わい。
両側にびっしり土産物屋

「わたしはこれ」

料理が運ばれてくるまでみなで買ったものを見せ合って会話が弾む。ちなみにわたしが披露したクリスマス飾りの銀紙細工の塔は誰ひとり買っていなかった。

中央広場からヴァヴェル城までは徒歩で。大聖堂や旧王宮など観光する。城内の丘から美しいヴィスワ川が見渡せた。

川沿いにドラゴンがいた。

「もうちょっとしたらドラゴン像が火を噴きますよ」

ガイドさんに言われてみなで待機。高さ6メートルのドラゴン像。思っていた以上にボワッと火を噴いて驚いた。かつてヴァヴェル城の麓に村娘を食べるドラゴンがいたという伝説から作られたものだそうだ。

クラクフ近郊にはアウシュビッツ博物館がある。

日本語が話せるポーランド人ガイドの男性がみなを案内してくれた。第二次世界大戦、ナチス・ドイツによって建てられたアウシュビッツ収容所。もとはオシフィエンチム市だったがドイツ語のアウシュビッツという地名に変更させられそのまま強制収容所の名になったという。

収容された子供たちの写真があった。みなあどけない瞳でカメラを見つめていた。多くの人々を死に追いやった毒ガスの空き缶が積み上げられるように展示されていた。見学を終えて戻ったバスの中はしばらく静かだった。

一行はクラクフから首都ワルシャワへ。

ワルシャワではピエロギを食べた。ポーランドの餃子である。焼きもあるが水餃子が一般的で、中の具材が何十種類もある。自由時間に入ったレストランではメニューを前に頭を抱えた。じゃがいも、きのこ、カッテージチーズ、ザワークラウト、挽肉……。あれもこれもおいしそうで決められない。旬のブルーベリーピエロギは生クリームやサワークリームをかけて食べるデザート餃子。辛い系、甘い系、両方のピエロギを注文しペロリと平らげた。

ジュレークという酸味のある発酵スープも名物で、具はじゃがいもやソーセージ、ゆで卵。スーパーで粉末スープをたくさん買ってお土産に。

そして、ショパンを聴いた。

ツアーにはショパンのミニコンサートもついていた。旅の予約をするまでショパンがポーランド生まれであることを知らなかったわたしではあるが、演奏されたいくつかの曲は耳にしたことがあった。ちなみに地動説を説いたコペルニクス、キュリー夫人もポーラン

ワルシャワ歴史地区

戦争によって破壊された街は、
戦後完全に再建された

ジュレーク

ライ麦の発酵スープ。くり貫いた
パンを器にして出てくることも

ペーパーナプキン。
かわいくて
あれもこれも

ポーランドのお土産

インスタントスープの
ジュレークや、ポーラ
ンドのキャラメル「ク
ルフカ」をスーパーで

ドの有名人。

ショパンのミニコンサートはワルシャワの旧市街からほど近い、古いマンションの一室で開催された。わたしたちのツアーだけのための演奏会である。

開いた大きな窓から青空が見えた。

その窓辺に置かれたグランドピアノ。

男性ピアニストによる演奏中、パトカーのサイレンが鳴り響いた。ピアニストは演奏する手を止め、観客である我らに微笑んだ。パトカーが去った後、再び演奏が始まり、それまでなんとなく緊張して聴いていたみなの雰囲気がやわらかに。

ワルシャワ土産にオルゴールを買った。コンサートで聴いたショパンの名曲。回すと、演奏中、夏の風に揺れていた白いカーテンを思い出すのだった。

ワルシャワにて
誰？
chopin
chopin
チョピンさん？
ショパンでした
間違えた
ハズカシ……

VISAS

北のパリ、淡いピンクの夕焼け

8

ノルウェー

Norway

オーロラ観測ができる場所を点々と移動する旅をしたのは2011年。ノルウェーのハシュタという街でオーロラが見られたときはホッとした。当時の旅の日記にはこうあった。

「オーロラはぼんやりしつつも時々濃くなり、形を変え伸びたり縮んだり。水に落とした絵の具を揺らすように空に光っていた」

さらにはこんなことも。

「ずっと見上げていると疲れるから、ときどきうつむく」

日記というより走り書きのメモに近い。こんなことも書いている。

「ツアー旅行で大事なのはガイドさんが言った今後の予定を必ずメモすること。覚えたと思っても連絡事項がたくさんあるので時間が経つと忘れる」

なんだか切実なメモである。ツアーにはひとりで参加していたので「ちゃんとしないと！」という自分への警告だったのかもしれない。

港町ハシュタはオーロラ観察だけのために立ち寄ったので日中の様子は知らないまま。そうか、今からでも遅くはない。グーグルのストリートビューで昼間のハシュタを歩いてみようではないか。

スマホ上でポーンとハシュタまで飛び、宿泊したホテルの前に降り立ってみた。季節は夏だろうか。雪のないハシュタ。快晴だ。進んで行くと海が見えてきた。みんなでオーロラを見た港である。港を背に坂道を上がっていく。北欧らしいかわいい家々が並んでいる。来た道を振り返ると青い海が見えた。

調べてみるとハシュタには美しいハイキングコースがあり、白夜にハイキングをする観光客もいるようだ。ついでにそちらもストリートビューでしばし散策。海を見ながら緑の丘をのんびり進む。なんて美しい場所なのだろう。疲れたときはときどきスマホから遊びに行こうと思う。

さて、ハシュタから「北のパリ」と呼ばれるトロムソへは沿岸急行船「ノーリス号」で。ノーリスとはノルウェー語でオーロラ。夜明け前に出航した。レストランや土産物屋もある巨大客船で、船内で使ったお金のメモがあった。

ワッフル　29クローネ、アイス　22クローネ、マフラー　90クローネ
（50クローネが当時日本円で８００円程度）

ツアーの参加者の中に60代後半のご夫婦がいて、ふたりでよく海外旅行をされているようだった。彼らとの会話で心に残ったのであろう言葉がノートに残っていた。

（夫）
「行きたいところについてきてくれるのは彼女（妻）だけ」

ご夫婦は海外ツアー慣れしていて、ご近所へのお土産品などは事前にお土産プランに申

ハシュタからトロムソへ

船から見えた家々。
どんな間取りなん
だろう？

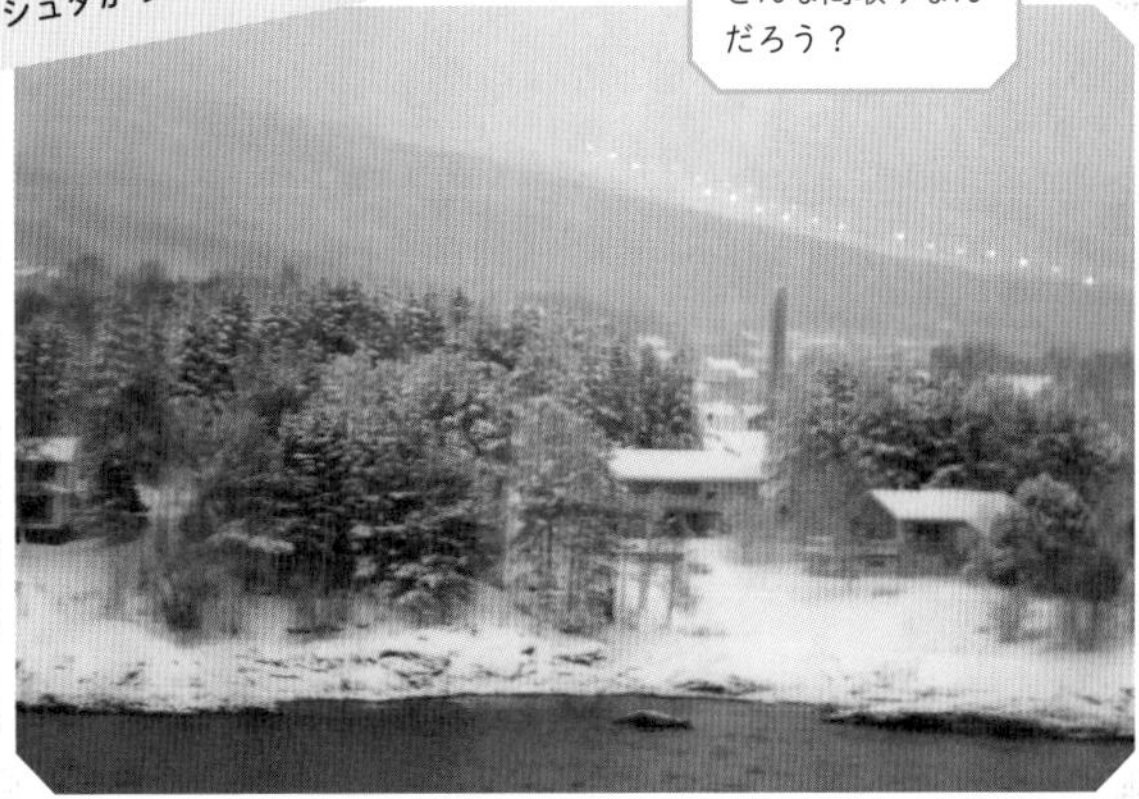

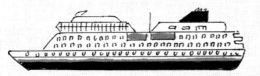

フィヨルドを進む
「沿岸急行船」

し込み、帰国後、自宅に届く手はずになっているそうな。だから旅先ではほとんど買い物をされていなかった。とても身軽だった。

彼らは「今までで スイスが一番よかった」と言っていた。スイスにはいつか行ってみたいと思っていたのでわたしの期待感が高まり、その後、ツアーのパンフレットを取り寄せ、ガイドブックを買い、いよいよ本格的に旅の計画を立て始めたところで世界は新型コロナに巻き込まれていったのだった。スイス。わたしの人生に間に合うのだろうか?

さて話は戻り、約6時間半のノーリス号での船旅を経てトロムソの街が見えてきた。本来ならフィヨルドの断崖を間近で見られるのだが視界は雪で真っ白。ずっと吹雪の海を進んできたせいか、突然、目の前に現れた街の灯《ともしび》が一層温かく感じられた。

トロムソでは「ポラリア」という水族館をみなで見学した。

「アザラシの餌付けを見る。

オオカミウオ、でかい」

旅日記の感想はこのくらい。

オオカミウオはいかめしい顔をした巨大魚で、ガイドさんいわく「食べるとおいしいんですよ」。オオカミウオが食べられる繁華街のレストランを教えてくれたが、宿泊するホテルからはバスに乗って行かねばならず、しかも真冬のノルウェーは午後4時には夜のように暗い。夕飯時にレストランに行ったはいいものの帰りのバスを乗り間違えて雪の中にポツンと取り残されでもしたら……。想像しただけで恐れおののいていたわたしであるが、翌日、朝食会場で、

「夕べ、食べてきたよ」

ひとり参加の女性があっけらかんと言った時は度肝を抜かれた。すごい勇気。

さて、トロムソである。

「北のパリ」と呼ばれるノルウェー・トロムソは、スカンジナビア北極圏最大の街である。中心部にはショッピングセンターや商店が並び、オーロラ目当ての旅行者たちにも人気らしい。トロムソ在住の日本人ガイドさんがおすすめカフェを書き込んだマップをくれた。

それにしても、日本から遠く離れたオーロラの街に暮らしている日本人ガイドさん。どんな経緯でこの街に？　図々しい気がして聞けなかったが、わたしは妙に心強く感じた。

どこで暮らしたっていい。

どこにだって行ける。

もし東京で立ち直れないようなできごとがあっても、わたしにはトロムソがあるんだ！

そんなふうに考えてみれば、ちょっとだけ気が楽になるのだった。

ひとりでトロムソ大橋を歩いてみた。本土とトロムソ島を結ぶ全長１０３６メートルの橋である。徒歩で渡れますよとガイドさんが言っていたので半分まで。

橋の真ん中から眺めた美しいフィヨルド。

雪が積もる橋を徒歩で渡っている者などいないので、歩道はわたしの貸し切り状態だった。

橋から撮った写真があった。淡いピンク色の夕焼けが川面を覆っている。トロムソ湾に浮かぶ一艘の船。それを写真におさめたときのわたしは何を感じていたのか。

昼が短い北欧の冬。

「暗くなる前にホテルに戻らなくちゃ！」

そんなことを考えていたのかもしれない。

VISAS

9

スウェーデン
Sweden

アイスホテルに泊まるとしたら

MM0123456

北欧、スウェーデンには真冬と真夏に訪れたことがある。

真冬はオーロラ観賞ツアー。あいにくの天候でスウェーデンではオーロラを見られなかったが、日中、北部のユッカスヤルビという街でアイスホテルを観光した。

アイスホテル。言わずもがな雪と氷でできたホテルである。近くのトルネ川の氷を利用して造られ、ホテルであるからしてもちろん宿泊することができる。

ホテルの入り口はまるで雪の洞窟のよう。入っても洞窟っぽいが、中は思っていたよりうんと明るい。青みがかった氷の壁が太陽の光を内部にまで届けている。

ホテルの中は外と変わらないくらい寒い。壁も床もシャンデリアまで氷。ちなみにこの時期のスウェーデン北部の気温は連日マイナス10度くらいだっただろうか。

アイスホテルには宿泊者用の氷の部屋が数十部屋あった。ドアはないが氷の壁で中が見えないように造られている。いろんなアーティストたちが各部屋のデザインを担当してい

アイスホテル
雪の中バスを降り、
「ホントにあった！」
とびっくりする

スウェーデン北部のユッカスヤルビ

アイスホテルで
料理番組？

るらしく、ある部屋には氷で作ったシロクマの彫刻が飾られていた。氷のベッドにはマットレス、その上にトナカイの毛布が敷いてある。寝袋に入って眠るらしい。

「寒いので眠れない方が多いです」

案内係の人が笑っていた。ホント、想像しただけで寒そう。

ちょうど地元テレビの収録が行われているところだった。なぜか料理番組。白いコックコートにコック帽の男性がカメラの前に立ってあれこれ説明しつつ料理を作っていた。彼の真っ白な衣装が見る者の寒さを一層誘う。はて、どういう意図の番組なんだろう？

ホテル内には氷の教会もあった。実際に結婚式も挙げられるのだとか。

敷地内には氷の部屋以外にも暖房付きの普通の客室もある。入場料はツアー料金に含まれていたが、当時のレートでひとり4500円くらいだった。

アイスホテル観光を終えてバスで雪道を移動中、

「ほら！　右手に野生のトナカイがいますよ」

ガイドさんが教えてくれた。

「えっ、どこどこ？」

みなカメラを手に窓に貼り付いた。トナカイが車道のすぐ近くをのっしのっしと歩いているのが見えた。

大きい。

大きな動物を前にすると、当たり前だが自分が小さく感じられる。けれどそれはサイズだけのことではないように思う。

地球にはいろんな生き物がいて、さらに宇宙規模でみれば人間もトナカイも芥子粒《けし》のような存在……。

「そんな小さな存在の自分が、泣いたり笑ったりしながら一度きりの人生を重大事に考えて生きているのだなぁ」

などとトナカイを見て思うわけである。

それにしてもどこもかしこも雪ばかり。バスがトラックとすれ違うたびさらさらの雪が煙みたいにふわりと舞い、一瞬前が見えなくなる。

「今の時期はシャボン玉も凍るんですよ」

ガイドさんが言った。

氷のシャボン玉。うすはりのグラスのような感じなのだろうか。手のひらにのせてみたい。きれいだろうなぁ。

「シャボン玉、持ってきたらよかった」

車内の誰かが言って、わたしは心の中で「うんうん」とうなずいた。

一転、真夏のスウェーデンは女友達と三人旅。最初にフィンランドを観光し、その後スウェーデンに向かう旅客船で一泊。スウェーデンにはほんの二泊というプランである。

短い滞在なので遠出はできず、首都ストックホルムをトラムに乗ってぶらぶら。郵便博物館で昔の切手のデザインを見たり、国立美術館へ行ったり。

国立美術館のカフェで食べた「ヴァニリィヤルタン」というお菓子がおいしくて、ふとした時に「もう一度食べたいなぁ」と思い出す。ハートの形で、大きさはもみじ饅頭くらい。やわらかいクッキー生地の中にカスタードクリームが入っていた。

なんの予備知識もなく行った「ヴァーサ号博物館」。17世紀にストックホルム港で沈没した軍艦ヴァーサ号が、ほぼ原型を留めたままの姿で引き上げられ展示されているのだ。全長69メートル、高さ52メートル、装備された大砲の数は64。豪華絢爛な船の装飾を回廊から歩いて見ることができる。彫刻のモチーフはギリシャ神や聖獣など様々で、これらを彫った人たちはどんなに自慢だっただろうと思う。

「見ろ、あれが父ちゃんが彫った渾身の獅子だぞ！」

などと家族に話していたに違いない。

ココナツのお菓子

スウェーデンのお菓子「ココストッパル」。ココナツたっぷり

ランチに入ったカフェの看板

ハートのお菓子
ヴァニリィヤルタン

ストックホルムの街を走るトラム

あるいは、

「もう少し深く彫ってもよかったかもなぁ」

職人にしかわからぬ厳しさで作品を眺めつつ出航を見守っていたのかもしれない。悲しいことに、この船、突風を受けて処女航海で沈没してしまうのだった……。

冬と夏を見たスウェーデン。トータルではわずか四泊。

氷のホテル、トナカイ、ハート型のお菓子、ヴァーサ号。

一見結びつかぬものたちが胸の中の棚に静かに並んでいるのだった。

10

シンガポール
Singapore

ドリアンアイスをもうひとつ

MM0123456

鶏肉とカシューナッツの炒め物。

今でこそ知られたメニューだが、わたしは大人になるまでこのような料理があることを知らずにいた。

シンガポールに行ったのは１９９０年。21歳のときだった。アニメ『ちびまる子ちゃん』や『渡る世間は鬼ばかり』の放送が始まり、サザンオールスターズが「真夏の果実」を歌い、キリン「一番搾り」と「スーパーファミコン」が発売された年である。

高校時代の女友達とふたり、三泊五日のパックツアーに申し込んだ。

「ラッフルズホテルの中華料理がおいしいねんて！」

という友が仕入れてきた情報をもとに、自由行動の夜、食事に行った。

ラッフルズ・ホテル・シンガポール。

１８８７年開業のシンガポールの名門ホテルである。チャップリンの定宿だったという

このホテルに薄給の我々が宿泊できるわけもなく、自分たちのホテルからちょっとおしゃれしてタクシーで向かった。席の予約は現地のガイドさんに頼んだのかもしれない。ちなみに「シンガポールスリング」というカクテルはこのホテルから生まれたのである。レストランで鶏肉とカシューナッツの炒め物を食べた以外、なにも思い出せない。帰りに何かかさ張る記念品をもらった気がするが、そのかさ張るものの正体は不明である。パイナップル型のコップだった気がする。いや、そんなものを名門ホテルがくれるだろうか?

シンガポールといえば「マーライオンを見る」という時代だった。しかしそのマーライオンでさえ地味な場所にひっそりとあり、

「見たな」

「うん、見た」

「もう行く?」

「行こか」

メインイベントあっさり終了。

しかしながら『るるぶ シンガポール'21』を買って見てみれば、マーライオンはマリーナ・ベイと呼ばれる賑やかな場所に移設され、夜は華やかにライトアップ。マーライオン

は出世していた。他にも地上200メートルのプールとか、巨大ショッピングモールや未来型植物園など、なんやかんやとド派手な名所があって楽しそうである。

　コロナが落ち着き、再び海外旅行できる日がきたら最新シンガポールに行ってみたい。地上200メートルのプールはマリーナベイ・サンズホテルの宿泊者専用プールなので、値段はどうあれ、もうマリーナベイ・サンズホテルに泊まるしかあるまい。手すりや柵など視界を遮るものがなく、景色と一体化して見えるプールをインフィニティプールと呼ぶらしいが、ここのがまさにソレ。まるで天空に浮かんで見えるプールである。

　とはいえ、こんな洒落たプールにどんな水着で入ればよいのだろうか。気が早いがユーチューブで画像検索。みな案外普通の水着だった。わたしが持っている水着でなんとかなりそうだが、せっかくだし現地でキラキラしたのを買うことにしよう。

　旅気分が盛り上がってきたので、さらにガイドブックのシンガポールグルメのページを熟読する。

「ラクサ」というココナツミルクを使ったヌードルが人気のようだ。ココナツミルク好きなのでかなり食べたい。「プラウン・ミー」も気になる。海老出汁《だし》の醤油ベースのスープ（想像しただけでおいしそう）。大きな海老がのっかっている。

　ラッフルズ・ホテル・シンガポールは2019年の夏に約2年にわたるリニューアルを

遠くにちょこんと見えるマーライオン

ラッフルズ・ホテル・シンガポール

1887年開業。
当初は10室だったとか

一度は飲んでみたい
ラッフルズ・ホテルの
シンガポール・スリング

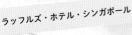

終え、新しくなったばかりだ。前回は臆して入れなかったホテルのバー「ロング・バー」にも行ってみたい。もちろん飲むのはシンガポールスリング！　ジンベースのピンク色のカクテルで、ガイドブックの写真にはグラスのふちに生のパイナップルが飾られている。

一緒にシンガポールを旅した友達に久しぶりにメールをしてみた。

「シンガポールでなんか覚えてることある？」

すぐに返事が届く。

「全然覚えてない」

ドリアンアイスを食べた記憶はあるらしい。

それはわたしも覚えている。街を散歩中、屋台でドリアンのアイスクリームを食べたのだった。店の前で写真を撮ろうとして、わたしは買ったばかりのアイスを落っことしてしまった。

「困った子だねぇ」

という顔で、店のお姉さんが新しいアイスをくれた。アイスを落とさなければ食べたことすら忘れていたのだろう。

友から再度メールが届く。

「昆虫館みたいなところに行って、チョウチョが怖くて逃げた覚えがある」

昆虫館？　なにそれ知らん。ほんまかいな。

友から届いたメールには旅の写真がいくつか添付されていた。どこかの建物の前で笑っているわたし。階段に座っているわたし。どれを見てもなにも思い出せないが、あの頃の友が今も友であることが嬉しかった。

追記

実家でアルバムの整理をしていたらシンガポールから自分宛に自宅に送った絵はがきを発見。内容はほぼ覚えていなかったけれど、これがハガキの原文。

1/11

キャセイ航空でシンガポールへ。ホンコンに寄る。ＰＭ８：00着。ホテル「シャングリラ」の18階。

1/12

終日市内観光。有名なマーライオンを見る。チャイナタウンで銀の指輪を買う（30ドル）2500円くらい。二人で地下鉄に乗る。ブキス駅で降りてアラブ通りに行く。シンガポール最大最古の回教寺院サルタン・モスクを遠目に見る。日が暮れ始めたので帰る。

1／13

オプションツアーでセントーサ島に行く。天気もよくキレイ。ロープウェイに乗る。午後は雨。傘をさして買い物。百貨店でラーメンを食べる。ドリアンのアイスクリームはまずかった。

1／14

朝はホテルの朝食。おいしかった。

11

カナダ
Canada

赤毛のアンからのプレゼント

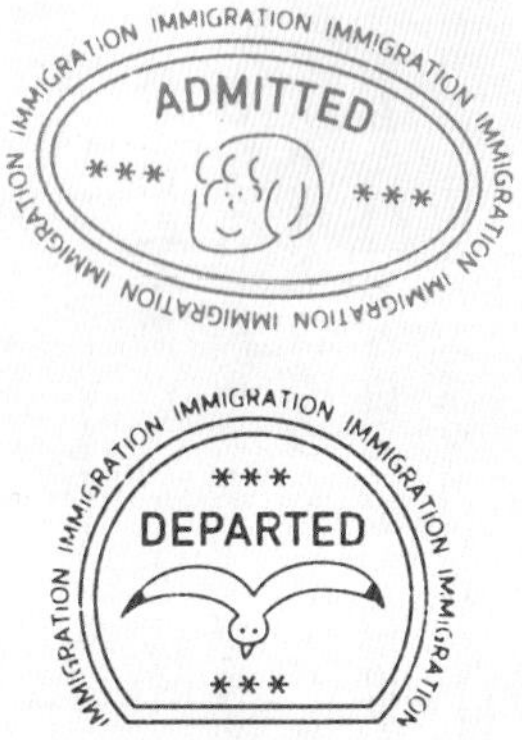

MM0123456

新潮文庫の村岡花子さん訳『赤毛のアン』を手にしたのは二十歳を超えてから。会社員をしていた頃、通勤ラッシュにもまれながら全シリーズを読んだ。あまりのおもしろさに職場の最寄り駅に着いてもやめられず、駅のベンチで読みふけった。

その『赤毛のアン』の物語の舞台、カナダのプリンスエドワード島を訪れたのは2018年、夏。プリンスエドワード島の州都のシャーロットタウンに宿泊し、アンゆかりの場所を巡るパックツアーである。このツアーのことは『美しいものを見に行くツアーひとり参加』（幻冬舎文庫）に詳しいが、ここでは書き切れなかった別のエピソードを。

ところでパックツアーにもふた通りある。ひとつは目的地の空港で現地添乗員さんと合流するタイプ。フランスやスペイン、シンガポールなどいくつかの旅で利用したが、空港で現地添乗員さんに会えなかったことは一度もない。みな旗を持って待っていてくれた。

もうひとつは添乗員同行プラン。その名の通り日本から添乗員さんがあれやこれやと面

倒を見てくれるタイプである。空港の旅行会社のカウンターで添乗員さんと初顔合わせし、出国までの流れや乗り換え時の集合場所など細かい案内がある。添乗員さんによっては空港内でのレートの良い両替所まで教えてくれる。

そして飛行機に乗れば乗ったですぐにその添乗員さんが座席までまわってきて、

「わたしは○○番の席におりますから、なにかありましたら来てくださいね」

めちゃくちゃ頼れる存在だ。このカナダ旅もこの添乗員同行プランである。

さてプリンスエドワード島。

メインはアンが暮らしたとされる「グリーンゲイブルズ」、緑の切妻屋根の家である。モデルになったその家は作者ルーシー・モード・モンゴメリの親戚宅で、今では博物館として有料で見学できるようになっている。グリーンゲイブルズの庭先にはアンと腹心の友ダイアナが歩いた「お化けの森」があった。

「ダイアナとあたしで、あの森にお化けが出ると想像しただけなの。このへんはみんなこもあんまり――あんまり、ありふれているんですもの。おもしろ半分にあたしたち思いついて、四月からはじめたの。『お化けの森』なんてすごくロマンチックなんですもの、

マニラ」（『赤毛のアン』新潮文庫より）

この森をモンゴメリも幼い日に歩いたのだという。まさか、ここが将来自分が書く小説の舞台になり、世界中から観光客が訪れるようになるとは思いもしなかっただろう。

移動中の車内では現地ガイドさんの話にみなで耳を傾けた。

「プリンスエドワード島は日本の愛媛県くらいの大きさで、ゆりかごの形をしていると言われています。バスの窓から見える赤土は鉄分が多く含まれ、それが酸化して赤いんです。ここではロブスター漁も盛んで、五〜六月が一番おいしい時期とされています。実は赤毛のアンの舞台となっている時代は、ロブスターはお金のない人の食べ物だったそうです。あとは、意外かもしれませんがマグロ漁も盛んで、そのほとんどが日本に輸出されています」

プリンスエドワード島を後にしてモントリオールへ。トロントにつぐカナダ第二の都市である。北米のパリとも呼ばれるフランス語圏の街で、世界各地からの移民が多い。

「モントリオールには世界最大の地下街があります。冬は雪の中を歩かなくても地下だけ

グリーンゲイブルズ

観光客が写らないよう苦労して撮った奇跡の一枚

駅のベンチで読んだ「赤毛のアン」

輝く湖水

物語の中でアンが命名した湖

アンの部屋の中

割れた石板

プリンスエドワード島土産、
メイプルシロップとポテトチップス

で移動できるんですよ」

　と現地ガイドさん。

　ここでの自由時間は「ジャン・タロンマーケット」という地元の市場を観光するだけだったので、その地下街を見に行くことはできなかった。

　世界最大の地下街ってどんな感じなのだろう？

　調べてみればなんと全長約30キロ。ギネスブックにも登録されている。オフィスビルと連結しているので真冬の通勤も便利そうである。

　以前、駅直結型のマンションに住んでいる知り合いの家に遊びに行ったとき、なんとまぁ便利なものよと感心した。その人は勤め先も駅ビルなので雨でも傘が不要なのだとか。その話を強風の雨の日に駅へ向かっているときなどに思い出し「ううう、駅直結……」と涙するのだった。

　その後、モントリオールからケベック州の州都ケベック・シティへ。

　世界遺産に登録されている旧市街は画家が描いたヨーロッパの街並みを再現したかのようなかわいらしさ。日本のショッピングモールにやってきた気にもなるのだが、むろんショッピングモールがこちらを参考にしているのである。

　旧市街は上下ふたつのエリアに分かれており、階段、あるいはケーブルカーで移動する。上のエリア「アッパー・タウン」のダルム広場には１６０８年にケベックに入植したというシャンプランという人の銅像が立っていた。

銅像についていつも思うのだが、あれはどのように鑑賞すればよいものなのか。銅像の出来を見るのか、はたまた「かつてこういう人物がいたのだなぁ」と見上げるのか。ちなみにわたしは「あ、銅像」と見ているだけである。ウィキペディア情報によればダルム広場のシャンプランは17世紀に存在したフランス人で、地理学者、探検家、地図制作者。ケベック植民地の基礎を築いた人物だとか。１６３５年の12月25日に心臓発作のため亡くなったとある。

シャンプランさんは、その日、クリスマスのごちそうを食べることはできたのだろうか。再訪することがあれば銅像に問い掛けてみるかもしれない。

さて、こちらのアッパー・タウンにはカナダ発のアパレルブランド「Roots（ルーツ）」のショップがあるらしく、

「カナダのお土産にいいですよ」

ガイドさんが言っていたので行ってみた。ガイドさん情報大好き人間。それがわたしである。

「Roots」はカジュアルな洋服屋さんでかわいいビーバーのロゴが目印。せっかくなので

胸にビーバーがどーんとプリントされているTシャツをお土産に何枚か購入する。1998年長野冬季オリンピックでは、この「Roots」がカナダ選手の公式ユニフォームを手掛けていたことを後で知った。その話を服好きの知り合いに自慢げに語ったところ「知ってるよ、かわいかったよ」と返された。服好きの人はオリンピックのユニフォームまでチェックしているのか！　感心してしまった。

下のエリア「ロウアー・タウン」の見所は北米最古の商店街プチ・シャンプラン通り。ハンドクラフトの店やレストラン、カフェなどが並び観光客で賑わっていた。

美しいセントローレンス川を見渡せる好立地に「フェアモント・ル・シャトー・フロントナック」という1893年開業の老舗ホテルが建っている。

「こちらはホテルです」

ガイドさんが言ったときは本当に驚いた。城にしか見えないのだ（城と思って写真を撮っていたことはむろん誰にも打ち明けなかった）。それもそのはずフランスの城を模して作ったらしい。ちらっとのぞいたロビーがゴージャスで、過去にはエリザベス女王も宿泊したそうな。

このホテルの朝食ブッフェってどんなだろ？

検索してみたら、ケベックポークベーコンのメープルシロップ漬け、なんてのを食べている人がいて本当においしそう！

ケベック州のケベックとは「川が細くなっているところ」という意味だとガイドさんが教えてくれた。

カナダツアーの最後はナイアガラの滝観光。モントリオールから空路でトロント。さらにナイアガラの滝までバスで約二時間。わかっちゃいたがカナダは広い。

ナイアガラの滝が落ちる様子を間近で見られるテーブルロック。柵の向こうはすぐ巨大な滝なのに、

「え？　こんなに低くて大丈夫なん？」

くらいの柵である。

ドバドバと流れ落ちる滝。爽快だ。しかし、もし今、背後から抱きかかえられてこの柵から投げ落とされたら……という不安もあり周囲に目を光らせながら眺めていた。そんなわたしをよそに柵のそばを走り回っている各国の子供たち。ちょっ、お気楽すぎ。何かの時は守らねばとさらに目を光らせた。とはいえ、子供らがはしゃぎまわるほど滝はやはり爽快なのだった。

『赤毛のアン』を読んだからプリンスエドワード島を知った。プリンスエドワード島を目指したらナイアガラの滝までついてきた。一冊の本がわたしをカナダまで連れて来てくれ

たのである。

12

台湾

Taiwan

台湾日記

2019年

台北で「大人の超自由旅」をかなえる！

1日目

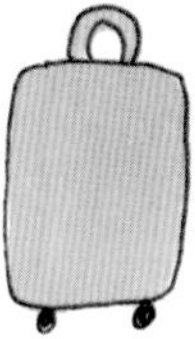

おなかが減る間がない。

それが二泊三日台湾旅行の感想なのだった。とにかく食べてみたいものがたくさんあり、ちょっと減ると食べる、ちょっと減ると食べる、もう減ってなくても食べる！　そんな感じである。

２０１９年、羽田空港から秋の台湾へ。

11月初旬の台湾・台北地方は、日中は半袖、夜はカーディガンを羽織るくらいでちょうどいいくらい。それでも台北の人々にとっては「秋」のようで、わたしからするとそこそこ暑いのだが、昼間でもダウンや革のジャケットを着ている人もかなり見かけた。

松山《ソンシャン》空港に到着後、MRTという地下鉄を利用してホテルに向かうことにする。1DAYカードを購入するため地下鉄の窓口の列に並ぶ。1DAYカードはその名の通り24時間地下鉄が乗り放題（24時間営業ではないが）で、自動改札機でピッとタッチする日本でもおなじみの電子カードである。便利そうなので買ってみることにしたのだが、どうやら3DAYカードもあるようだ。窓口の人が日本語の表を出して英語で教えてくれた。

わたしは二泊三日なので3DAYカードを指差す。すると「72時間カードもある」と案内される。3DAYカードと72時間カードの違いはなんなのか。質問したいがわたしの英語だと時間がかかりそう……。後ろにはたくさんの人が並んでいるし、もうええか、と3DAYカードを買う（約1700円）。後で調べたら3DAYカードは地下鉄の他にバスも利用できるようだ。バスに乗る予定がなかったのでわたしの場合は72時間カードが正解。72時間カードは約1500円だった。

とにかくカードをゲットできたので三日間バンバン地下鉄に乗ろう！

気持ちが軽くなり、早速、ピッと中に入る。

台湾の地下鉄も日本と同じように路線図が色分けされわかりやすい。違うのは駅構内が広々していることだ。ホームなんか東京の地下鉄の3倍くらいある。こんなに広かったら人にぶつかることも少ないだろう。実際、旅の間、ホームや駅構内で袖が触れ合うことすらなかった。

ぶつかられるというのは不思議なものである。痛いならまだしも、痛くなくてもムッとする。痛くないならもういいじゃん、と思えればよいのだが、人にはそう思えないような日だってあるわけである。台湾の地下鉄には空間的にも人間の内面的にもゆとりがある。ちなみに車内は携帯電話はＯＫだが飲食禁止である。

松山空港駅から一回乗り換え、予約したホテルがある中山《チョンシャン》駅まで。過去に二度台湾旅行をしたことがあるが、どちらもパックツアーでホテルは繁華街から離れていた。今回はひとり旅だし、にぎやかな台北の中心部に泊まってみることにしたのだった。

チェックインを済ませたあと、取りあえず豆乳を飲みに行く。三日間しかない旅である。おなかを減らして台北の街に繰り出したかったので機内食は食べなかった。

ガイドブックに載っていたホテルから徒歩圏内の豆乳屋さんへ。台湾の街のそこここにある一般的な豆乳屋にはドアはなく、入り口で調理している様子が見え、奥に簡易な椅子とテーブルが並んでいる。どの店のメニューも似た感じで、酸味がある豆腐のスープ鹹豆漿《シエントウジアン》、焼餅《シャオビン》や小籠包など、気軽に台湾フードが食べられる屋台のような店とでもいおうか。台湾の人々の朝ご飯として有名だが、夜までオープンしている店も多く、中には24時間営業の店も。

午後2時半。中山駅から4～5分ほどの「四海豆漿大王《スーハイドウジアンダーワン》」へ。中途半端な時間なので客はまばら。入り口のレジで豆乳を注文する。取りあえずガイドブックの写真を見せた。すると、お店の女性が日本語のメニューを出してきて、豆乳の温度を聞いてくれた。冷たい、熱い、中間を選べるようだ。

はて、中間とはなんだろう？　ぬるいってこと？

ぬるいのもなんだし熱いのにしよ。

熱いのを注文してわかったのだが激熱だった。舌の皮がめくれるかと思うくらい熱い。温かい豆乳を飲みたいときは中間を選べばよいことを学習する。テーブルにある使い捨てのレンゲでふーふーしながら豆乳を飲んだ。さらっとした味わいである。


地下鉄に乗り東門《トンメン》駅へ。

絶対に買おうと決めていたパイナップルケーキの店をめざす。

道を一本間違えうろうろしつつも、なんとか「手天品社區食坊《ショウティエンピンショーチューシーファン》」にたどり着く。

ここのパイナップルケーキはベーキングパウダーやショートニングを使わない素朴な味らしく、ネットで見て食べてみたいと思っていたのだった。

住宅街にある小さな店だった。なのに日本人女子がいっぱい。パイナップルケーキは街のどこででも手に入るというのに、わざわざ駅から離れたここまで買いに来ているのだ。

必死やな!

自分も含めてつっこむ。せっかくならおいしいのを食べたいっ、という情熱が店内でメラメラしていた。

右手の棚にパイナップルケーキが積んであった。過剰な包装はなく透明の袋に入れてあるだけ。胡桃《くるみ》入りパイナップルケーキもあった。大量に買いたかったけど、さすがに重いので15個ほどトレイに載せる（大量では？）。他に焼き菓子とレジ横に並んでいたナツメのお菓子も。ナツメに胡桃がはさんであるだけなのだがこれが本当においしくて、もっと買えばよかったなぁとあとで後悔。

とにかく買えた。食べたかったパイナップルケーキ。しあわせだ。人生からの小さなごほうびと思おう。泣いていた子供がキャンディを与えられ機嫌を直すような、そんな単純なうれしさである。この旅に出るまでいくつかうまくいかないことがあってどうしたもんだろうと思っていたのだが、今は考えるのよそう、だってここのパイナップルケーキ買えたし！　みたいになっていた。

駅に戻りながらさっそくパイナップルケーキを一個食べ歩き。バターの香りがふわっと口の中に広がり、ほろほろとくずれていくような食感。中に入っているパイナップルと冬瓜のジャムは甘さ控えめでネロネロしている。これがクッキー生地ととてもよく合いめちゃくちゃおいしいのだった。

しあわせな気持ちのまま地下鉄に乗り、東門駅から忠孝敦化駅《ヂォンシアオドゥンホア》へ。

夜ご飯は鍋である。女三人で夕飯を食べる約束をしていたのだった。そろって東京から観光旅行なのだが日中は別行動。往路の飛行機もホテルも別々。夕飯だけ一緒に食べよう！　という大人の超自由旅である。

食べるのは酸菜白肉火鍋《スワンツァイバイロウグゥオ》。いろんな人におすすめされ、ものすごく気になっていた鍋だ。旅の一カ月ほど前に店の日本語ホームページから希望日時と人数を日本語と英語（グーグル翻訳）の両方で送ってみたら簡単に予約できた。

外国で、しかも初めて行く店で待ち合わせ。わたしたち、ちゃんと会えるのだろうか？

忠孝敦化駅から地図を片手に歩くものの店の場所がわからない。若者がいたので道を聞いてみた。彼はわたしの地図を見て、「ＯＫ、わかったよ、まっすぐ行って左だよ」と英語で教えてくれ笑顔で去っていったが、店はまっすぐ行って右にあった。「圍爐《ウェイルー》」という店である。

午後五時三十分。時間通りに全員そろい、会えた、会えた、台湾で！　と喜びあって店に入る。

ガイドブックに席数100席とあったとおり大きな店だった。我々三人が案内された2階の右手の部屋には地元の家族連れの他に、日本からの旅行者らしき女性二人組。

取りあえず火鍋三人前と前菜の小鉢三つ、ビール一本を注文する。廊下に鍋のつけダレがずらっと並べてあり、それを自分の小鉢に入れにいくシステムのようだ。基本の三つのタレに、あとは自分好みで味をカスタマイズできるらしい。酢、ラー油、トウガラシ、パクチー、ネギ、砂糖、蝦油《シャーヨー》など13〜14種類ある。お店の人は全部入れてもいいと言っていた。どんな味なのかわからぬが、あれこれスプーンで入れて席に戻る。

鍋がやってきた。小鉢の中は泥パックのようだった。中央に筒が立っている変わった形状の鍋である。

すでに鍋は完成していた。発酵した白菜を細かく刻んだものがスープの中に大量に入っている。そこに豚肉の薄切りやカニ、貝などが沈んでいるので、白菜ごと箸でつまんでさきほどのタレに付けて食べる。白菜はドイツのザワークラウトに近い。酸っぱい鍋だ。こってりとしたタレに付けると酸味がほどよく中和され、口の中で「おいしい！」が広がっていく。

われわれは箸を休める間もなく食べ続けた。隣の席の女性二人組が団子を注文したので、真似してえび団子を追加。ついでに牛肉も。しゃぶしゃぶ用の赤身の牛肉が出てきた。個人的には最初から入っていた脂身の多い豚肉が酸味に合って好きだったが、どちらもおいしい。メニュー（日本語）には羊の肉もあった。えび団子はスープで煮るとふわっふわっに脹らみ、はんぺんのような歯ごたえだった。

次にこの店に来ることがあるなら、前菜の小皿はもらわず、団子（イカや魚の団子もあった）をトッピングするくらいでちょうどいいかもしれない。

おなかいっぱい食べ、ビール一本、小皿三つでひとり約３６００円。お会計して店を出ると、待っている客がわんさといた。予約は必須。オープン同時の5時半からが狙い目だと思う。

つづいてデザートを食べに行く（↑おなかいっぱいなのに）。ガイドブックに載っていて、わわわ、食べたい〜と夢見ていた台湾のお団子、湯圓《タンユエン》だ。火鍋屋から歩いて15分ほどの臨江街観光夜市《リンジアンジエグアンクゥアンイエシー》の中にあり、行列になっているのですぐにわかった。「御品元傳統手工元宵《ユーピンユエンチュワントンショウゴンユエンシアオ》」という長い名前の店である。

軽く二十人は並んでいただろうか。だが、それがなんだ？　これを食べに来たのだ。迷わず最後尾につく。

並びながらなにをどう食べるかをみなで考える。8通りの食べ方があるのだった。1〜8まで食べ合わせの番号が壁に貼ってある。

団子の数は一皿6個と決まっている。できたて熱々、というのも決まっている。それをかき氷の上に載せて食べるか、温かいスープの中に入れて食べるかを選べる。冷たいほうのシロップは桂花（キンモクセイ）と甘酒の2種類。温かいスープは桂花と甘酒とたまご甘酒（他にもあったかもしれない）。

団子の中身は2種類ある。黒ごまと落花生。「総合」を選ぶと黒ごま3個、落花生3個と半分ずつ。選択肢がいっぱいあって迷ってしまう。

我々の順番が近づいてきた。お店の青年が「あの席に座って」と指差したテーブルにつく。相席だった。

せっかくなので熱いのと冷たいの両方注文し、二皿を三人で食べることに。協議の結果、「総合×桂花×冷たい」と「総合×甘酒×温かい」。店の張り紙でいうなら7番と8番を注文。どちらも一皿約360円。

注文するとお兄さんがすぐに席まで持ってきてくれた。お金は帰りに店先で払うようだ。

蒸しあがったばかりの真っ白なお米の団子。おいしそうにテカテカとひかっている。

かき氷の団子から食べる。氷の上に甘い桂花シロップがかかっている。キンモクセイの花がパラパラと氷の上に散らばり、熱々の団子ごと口に入れるとフワッと花の香りが広がる。なんとも素敵な食べ物だ。

台湾のお団子、湯圓

キンモクセイの花の香りが口の中に広がる

黒ごまはクリーミィ。落花生は濃厚できなこっぽい。団子はお米の食感がのこっていて、黒ごまとも落花生ともどちらにもよく合う。

つづいて温かいほう。甘酒味のスープは「ザ・お酒」である。結構、アルコール濃いめ。大人の味だ。好みが分かれるところで、これはこれでおいしいけれど、わたしは甘酒より断然、桂花シロップ派。一皿注文するなら落花生の団子だけでいいね、とみなの意見が一致。「落花生×桂花×冷たい」が最強の組み合わせという結論に至った。

おいしい、おいしいとはしゃいでいたら、前に座っていた男女三人組の地元客が、氷はおかわりできるヨ！　という情報をジェスチャーで伝えてくれた。店内をよく見ると、冷たいほうを注文した人は「追い氷」している。

よし、我々もおかわりだっ、と器（団子はとっくに食べ終えている）を店員さんのところに持って行くと、しゃりしゃりと氷を削ってくれる。しかも、桂花シロップかけ放題。店外には長蛇の列ができているのに気軽にやってくれる。笑顔で接客というわけではないが、みな淡々と親切なのだ。調子に乗って2回目のおかわりに行くと、「レモンジュース、レモンジュース」と別のフレーバーまで薦めてくれた。レモンジュースは搾ったレモンそのもの。それに桂花シロップをかけて食べると絶妙なさっぱりかき氷になる。

「このくらい酸っぱいかき氷、日本にもあったらいいね」

みなでうなずく。

半分屋台のようなガヤガヤしたお店で食べるお団子。デザートの店なのに夜しか営業していないとは、まるで魔法の国の物語のようだ。

わたし、これ、死ぬまでにもう一回食べたいなぁ。

と思いながら店を後にした。

台北のそこここで行われている夜市。昔、一番有名な士林観光夜市《シーリングァンクゥァンイエシー》に友達と行ったことがあるのだが、あまりに規模が大きすぎて途中で飽きてしまった。それで、夜市はもういいかな、と思っていたのだけれど、団子屋がある臨江街夜市はそこまで大きくないので、のんびり見て歩くにはちょうどよかった。

夜市を抜け、最寄り駅の信義安和駅《シンイーアンホー》から地下鉄に乗り、宿泊先のホテルがある中山駅までは乗り換えなしで一本。

しめにコーヒーを飲もうとちょっと歩いて「森高砂咖啡館《センガオシャーカーフェイグァン》」へ。台湾のコーヒー豆を扱うカフェである。閉店の10時までの1時間、夜のお茶タイムだ。

カフェは街角の一階にあり、道行く人がよく見えた。奥にはカウンター席。木の家具の落ち着いた内装である。

「森高砂咖啡館」のホットコーヒーはかわいいセットになって出てくる。木のトレイの上に耐熱ガラスに入ったホットコーヒー。その隣に氷水入りグラス。グラスには試験管が立てられ、中にコーヒーが入っている。ホットコーヒーをアイスコーヒーとして味見できるようになっているのだ。同じコーヒーでも温度によって味覚が変わり、冷たいほうが酸味が飛ぶ。「おもしろ〜い」などと科学の実験のように楽しんだ。

コーヒーを飲みながらみんなでおしゃべりしていると、まるで東京にいるような気になる。椅子の高さもテーブルの高さも、ヨーロッパ旅行と違っていつも通り。

街中も漢字の看板だから、つい日本にいる気になって店員さんに日本語で質問してしまうことが何度もあった。

自分土産に台湾コーヒーを買おうか、とチラッと思ったけれどやめた。わたしはようやく自分のことがわかってきた。コーヒーの微妙な違いがよくわからない、というのがわかってきたのである。

コーヒーは好きで毎日飲む。一応、好みの味もある。酸味が少ないタイプだ。でも、それくらいで、たいていどこのでもおいしいと思う。スーパーで買ったコーヒーもおいしいし、「おいしいからどうぞ」といただいたコーヒーもおいしい。そんなら、わざわざ旅先で買わなくてもいいかな、荷物増えるし、という感じである。

そういえば、前に沖縄の那覇でおいしいと評判のコーヒー屋さんに入ったときのことである。

気さくな店主が言った。

「さっき、スタバでコーヒー飲んできたんですけど、やっぱりスタバのコーヒーはうまいなぁと思いました」

その感じがなんだかとてもよいなと思った。

カフェから帰る途中、足裏マッサージをしてもらうことに。ビルの一階にあった店に飛び込みで入ってみた。外から施術しているのがよく見えるので安心かな？というのが決め手。

わたしは女性が担当してくれた。

「痛い？　ここが痛いのは腰ね」

などと日本語で教えてくれる。イタ気持ちいいからはじまり、後半はひたすらイイ気持ち。40分、約２０００円。かねてから気になっていた足裏のゴリゴリがかなりマシになっていた。

土曜日ということもあってか夜の11時を過ぎても大通りは人も多い。夏祭りの夜のようだった。

ほどよい旅だなぁと思う。

食べたいもの、買いたいもの、行きたい場所。

女三人、みなそれぞれ違うわけで、こんなふうに夜ご飯だけ集合して解散というのは気楽である。明日からはまた別行動。わたしは来たばかりであと二日あるが、ふたりは一日前から来ているので明日には帰国。どうやら帰る時間も違うらしい。

自由～。

「じゃあ、また日本で！」

元気よく別れた台北の夜であった。

初日に買った
3DAYカード

実験みたいなコーヒーセット

day 1

発酵した白菜が入った
酸っぱいお鍋。
こってりダレで

台湾旅行は
小さめキャリーケースに
しました
移動が身軽
台北で
カゴバッグを
買ってすぐ
使ってる旅行者
よく見かけました
いいかも!

2日目

朝食に絶対に食べようと思っていたものがある。野菜まんだ。ネットで見て、これはなんとしても食べねばと楽しみにしていたのだった。

地下鉄で國父紀念館《グオフージーニエングアン》駅へ。「光復市場《グァンフーシーチャン》　素食包子店《スーシーバオズ》」という野菜まんのお店へと向かう。朝早くから昼過ぎまで営業しているようだが、月曜休みなのでわたしの場合、日曜日のこの朝しかチャンスがない。

あった。店の前に5~6人並んでいるのが見えた。遠くからでも野菜まんを蒸す白い湯気が見え、すでにそれがおいしそうなのである。

台湾ではしょっちゅう行列に並んだけれど、順番を抜かされたり、割り込まれたりすることはなかった。ここの店で真後ろのおじいさんに抜かされた一回きりである。それもまあご愛嬌で、常連らしきおじいさんは楽しそうに店の女性陣とおしゃべりし、大きな野菜まんを5個くらい買って行った。

わたしの番がきて名物の「雪菜まん」をひとつ買う。写真があるので指さしで大丈夫。豆乳も買いたかったがその写真はなく、まごまごするのもどうかと断念。こんなときパッと言えるよう単語を覚えておけばよかったと後悔。飲みたかった冷たい豆乳は「冰豆漿《ビントウジァン》」。ピンが冷たい、トウジァンが豆乳という意味である。

ビニール袋に入れてくれた野菜まんはソフトボールくらいでかい。一個約100円。大通り沿いにベンチがたくさんあったので街路樹の下で食べることに。見ると、日本人らしき女性観光客五人組も座って食べていた。わたしもそうだが、くいしんぼうたちの行動力にはつくづく感心する。彼女たちも朝っぱらから地下鉄に乗ってここまでやって来たに違いなかった。

野菜まんをほおばる。真っ白な皮の部分は蒸しパンみたいにホワホワ。いい香りの湯気が顔のまわりで漂っている。

中の具は雪菜という葉っぱ。小松菜っぽい。それが他の野菜と一緒にこれでもかと細かく刻んであり、もはやなにが入っているのかよくわからないが、お肉は入っていない。野菜のみというのがヘルシーである。味は薄味。最初はもの足りなく感じるが、食べすすめていくうちに野菜のうまみと甘みがじわじわ口の中に広がり、おいしい、おいしい、どうしよう、すごいおいしい、と興奮してくる。口紅を拭き取り、なんにも気にしないでガブガブ食べるのがよい。

非常に残念なことに一個食べるとおなかがいっぱい。他の味を試せない。明日もまた食べたいけれど月曜は店が休み。もっと食べたかったなぁとベンチでぼんやりしていると、ふと気がついた。さっきからわたしの前をショッピングカートをひいた人々が行き交っているのだ。

左から来る人々は空のカート。右から来る人々は野菜を入れたカート。

ということは、右方向にナニかがあるはず。立ち上がり、右方向に向かっている人について行くと小さな朝市が開催されていた。野菜や果物が中心で、洋服などもちょっと売っている。

台湾にハマる人たちってこういうところなのかもしれない。都会なんだけど、路地に入ると朝市があり屋台がある。過去と未来を行ったり来たりできるような不思議な楽しさ。

朝市をふらりとした後は、偶然、見かけた感じのいいカフェでちょっと一休み。ソイラテを飲みつつ、この後の予定をおさらいする。

次は地下鉄で隣の駅に行き豆花《トウファ》を食べるつもりである。豆花はお豆腐のデザート。雪菜まんでおなかいっぱいだけれどデザートは別腹だし、豆腐って固形というほどでもないし、考えようによってはスムージー程度の液体だ。うん、大丈夫。

豆花を食べるために國父紀念館駅から市政府《シーヂァンフー》駅へ。内田真美さんの『私的台北好味帖』に載っていた豆花の写真を見たときから気になっていたのである。

駅から6～7分ほど歩いただろうか。台北の街によくある赤と黄色に白地の漢字がごちゃごちゃ書かれた店構え、「榮嘉義傳統豆花《ロンジアイーチュワントンドウファ》」。若いお兄さんが店番していた。あらかじめ書いておいたノートのメモを見せる。「糖水、豆花、花生」。甘いスープに豆腐と落花生が入ったものを食べたいという意思表示である。わかってもらえた。優しそうな青年だ。もうひとり似た青年がいたからここん家の兄弟なのかもしれない。「アイス?」と聞かれ、「イエス」と答えると細かい氷を上からバシャーッとかけてくれた。冷たい豆花がよかったのだが、しかし氷まではいらなかった。「アイス」は氷のことだと学習できてよかった。次からは「ノー・アイス」である。こうやって台湾を学んでいくのだなと席に着く。厨房のような店内には簡易なテーブルが二つ三つあるだけ。午前11時の客はわたしひとり。テイクアウトの人がほとんどだ。バイクで乗り付けた人が何個も買って帰ったり、ご近所さんがひとつだけ買って帰ったり。

早速食べる。お豆腐はつるつるとなめらか。豆腐に甘みはなく、スープがほんのりと甘い。トッピングの茹でた落花生ともぴったりである。どんぶり鉢なみなみのボリュームがあるので緑豆や団子、芋などをトッピングすれば昼ご飯にちょうどいいかもしれない。一杯約80円。なるほど、これが豆花というものかぁ。おいしいなぁ。この店のを基準に自分好みを探っていこう。

帰るとき、青年がポイントカードをくれた。ハンコがひとつ押してあった。見るからに旅行者のわたしにくれたことが嬉しかった。お礼を言って店を出た。

つづいて地下鉄に乗って迪化街《ディーホアジェ》へと向かう。

日本でいう中華街のようなエリアである。両側にずらり土産物屋や飲食店が並んでいて、お土産好きに楽しくないわけがない。

乾物屋、お茶屋、茶器屋さん。散策しながらぶらぶら歩く。小さな書店もあった。店番の人がレジで本を読んでいて、帰りに前を通ったときもまだ静かに読んでいた。本を読む人の姿は国が違っても美しい。

「高建桶店《ガオジエントン》」というカゴ屋には日本からの観光客がどっと押し寄せていた。梱包用のプラスチックの紐で編んだカラフルなカゴ目当ての女性陣たちである。サイズもいろいろあり目移りして選べないほど。まとめ買いしている人も。お土産を入れて渡すのにいいかもなぁと、ミニサイズの赤いカゴ（約160円）を一つ購入する。

通りに豆花屋があったので休憩がてら入ってみた。豆乳の豆花を注文。豆乳はほんのりと甘い味付けで、豆腐は木綿っぽくもろもろとした食感だ。豆花も店によって少しずつ違う。朝に食べた豆花はつるつるした絹ごし風だった。ただし量が多いのは共通で、どんぶり一杯。好みでいうなら、わたしはつるつる派である。

豆花を食べ、30分ほど迪化街を観光し、その後、歩いて「浄斯茶書院《ジンスーチャーシューユエン》」というお茶のカフェまで。豆花を食べてそこそこおなかもいっぱいだったのだが、麵茶《ミィデェ》というお菓子をどうしても食べてみたかったのだった。

『私的台北好味帖』によれば、麵茶とは小麦粉に油分と砂糖を加えて焦がしたもので、ここの店のものにはさらにナッツやドライフルーツが入っているそうな。写真では茶色いおかゆのよう。どんな味か知りたい！　前のめりに店に入った。

席につく。店内はお茶や食材を売るスペースの脇に数席カフェスペースがある感じ。高級な雰囲気だが店員さんは仙人のようにおだやかである。

麵茶のセットを注文する（メニュー指差し）。お茶が選べ、台湾の紅茶にしてみた。

出てきた。待望の麵茶。大きめ茶碗にたっぷり入っている。レンゲですくって食べる。味はきなこっぽい。舌触りはざらざら。かすかに甘く、葛《くず》のようなとろみもある。風邪で寝込んだ日などに食べると元気が出そうだ。そうか、これが麵茶というものか。「おいしい、おいしい！」と飛び上がって食べるデザートではなく、ふむふむ、なるほどと味わう大人のデザートである。案外赤ちゃんも好きかもしれない。確かめられて満足する。紅茶はポットでたっぷり出てきた。

粛々と旅の行程をすすめていく。地下鉄北門《ベイメン》駅から一駅、宿泊先のホテルもある繁華街中山駅へ。駅から歩いて7〜8分ほどの台北當代藝術館《タイベイダンダイイーシュグァン》に向かう。現代美術の美術館である。

イベントなのか、この日は観覧料が無料で、若手の作家の展覧会が行われていた。若い作家の現代美術作品は、今、ほとんどが映像である。わたしは立体作品が好きだから淋しくもあるが、これも世の流れ、受け入れていかねば楽しめない。

おもしろい作品があった。部屋の中に回転椅子が何個かあり、その上にスマホがセットされたVRゴーグルが置いてある。それを装着すると架空の惑星に行くことができるのだ。順番を待って試してみる。VRゴーグル装着。空には今にも落ちてきそうな大きな星が浮かんでいた。周囲を見回すと岩山や湖のような場所。謎の生命体が浮かんでいる。ここはどこ？　わたしはだれ？　回転椅子に座ってくるくるまわりながら架空の宇宙をくるくるまわる。
こういう作品を見たあとは未来が恋しい。100年後、現代美術はどうなってい
るのだろう。残念だがわたしは見られない。どんなにじたばたしたって無理だ。く
やしい。くやしいが、しかし、この最新のVRゴーグルの作品を作った若い作家た
ちだって見られないのだ、と思うと諦めもつく。時代は順番なのである。
うん、でも、おもしろかった、楽しかったと美術館を出る。旅の行程に美術館を
入れると気分が変わるのがいい。上がりすぎていたテンションが少し落ち着く。
時刻は午後5時過ぎ。早朝から歩き回りくったくたである。一旦、ホテルに戻り
一休み。
部屋着に着替えてベッドにごろり。ガイドブックをぺらぺらめくりながら、
「食べ忘れていたものはなかったかな?」
と思っていたら眠っていた。
小一時間ぐーっと寝ると日が暮れていた。ホテルの部屋で熱い紅茶を飲んでから
のんびり向かった先は歩いて10分ほど地元のスーパーマーケット。

買い物かごを手に、ここに暮らしている自分になりきって商品を見てまわるのは楽しい。旅行者が買っては帰れない冷凍食品。肉や生魚。見てもしょうがないのに、見てしまう。一通り偵察し、「海苔巻寿司味ポテトチップス」など買い、中山駅近くの「誠品生活《チェンピンションフォ》」へ。日本でも話題の台湾のオシャレ本屋さんだ。雑貨やこだわり食材も販売していて、地下にはフードコートもある。

台湾ブランドの洋服屋さんもあった。ふと思う。

「なにか買ってみよう」

店に入ると感じのいい女性店員。思い切って英語で話しかける。わたしに合う服を選んでくれますか？　わたしと彼女の英語レベルは同じくらいだったので、互いに単語とジェスチャーを駆使しての会話である。

わたしは決めた。

自分の好みより、今夜、彼女チョイスの服を買おう！

しかも、上下買おう。

彼女は黒地に白い水玉模様のブラウスと、デニムのワイドパンツを選んでくれた。

サンキューサンキューとお金を払う。台湾の女の子が選んでくれた服が自分土産である。

その後、食材売り場で台湾のインスタントビーフンなど買い、同じフロアにある気軽なレストランで晩ごはん。

日本語メニューもあった。無印良品のカフェのよう。ごはん、味噌汁、惣菜がセットでメインのおかずを選ぶことができる。

メインは長芋の酢豚にしてみた。味はケチャップ味。いろんな果物が入っていた。パイナップルはわかるがキーウイも入っていた。なんとリンゴも。シャリシャリしている。台湾風なのかこの店風なのかは不明だが、かなりフルーティな酢豚だった。女性ひとり客も多く、広めのカフェでのんびり1200円くらいの定食を食べて帰りたいという人たちにちょうどいい店だった。

今回泊まったのは奮発して「リージェント台北」。日本語ができるスタッフが常駐していて、チェックインのときもスムーズだった。ホテルの入り口までの坂道は車の出入りが多くて危なっかしいが、部屋は清潔で、ベッドも広々。2日目の朝にちらっと朝食バイキングをのぞいてみたが、点心が充実していてものすごく豪華だった。ご褒美旅行のような人にはぴったり。次に台湾に来る時はもう少し気楽なホテルに泊まってみようと思う。

明日には帰国なので夜は簡単に荷造り。

二泊三日でも充分満喫できるな！

ということがわかり、台湾旅行にハマりそうである。

day 2

雪菜まん

野菜たっぷり。ソフトボールくらい大きい

浄斯茶書院の麵茶

カフェで食べた台湾の伝統的な小麦粉のデザート「麵茶」。
ナッツやドライフルーツが入ってた

台湾のカラフルなカゴ。迷い始めたらもう決まらない

冷たい豆花。うちの家の近所にほしい

3日目最終日

帰りの飛行機は夕方の5時ごろなので、半日は観光できる。8時過ぎにはチェックアウトし、キャリーケースをフロントに預けて街へ飛び出す。

朝ごはんを食べに「四海豆漿大王」へ。初日に激熱豆乳を飲んだ店である。店は大行列になっていた。台湾では朝食を外で食べる人が多いので、人気の豆乳屋さんはどこも行列なのだとか。

最後尾について待つ。しかしよく見ると列が二つある。もしや、わたしが並んでいるのはテイクアウトの列ではないか？　後ろの女性に「テイクアウト？」と聞くと、そうだ、と言われ、もうひとつの列に並び直す。見た目より回転が早く、「あそこに座って」と店員さんに指差されたのは1番テーブル。鍋が3つ4つ置いてある調理台のような席だった。

「えっ、ここ席なん?!」

びっくりしつつ座るものの、ひとり席（スペース的に）なので意外に落ち着く。注文は入り口で渡された日本語メニューをゆっくり見て決められるので焦らなくてもOKだった。

注文票の「鹹豆漿」「冰豆漿」「油條」にチェックし、レジの店員さんに渡しに行く。しばらくすると店員さんがわたしを手招き。行くと注文したすべてがトレーにのっており、そこでお金を払い、自分で席に運ぶシステムだ。

「いただきます」

小さく言って食べ始める。甘くて冷たい豆乳、冰豆漿がすーっと胃の中に落ちていく。鹹豆漿は温かい豆腐のスープのようなもの。塩味でちょっと酸味があり、ちぎった油條《ヨウティアオ》が入っている。油條は油で揚げたお麩で、仙台の揚げ麩に似ていた。それに豆乳スープがじわーんと染み込みとろけるよう。ガイドブックで鹹豆漿の写真を見ると油條が入っているので別で注文したのだが、もとから入っていた。なので、わたしはダブル油條である。朝からこんなに揚げ物食べていいのかね……と思いつつも、熱々の油條は単品で食べてもカリッとおいしい。全部で400円ほど。汁ものだし充分おなかがいっぱいである。

台湾流朝食を終え、中山駅からひとつ先の雙連《シュアンリエン》駅の朝市を見に行く。公園脇の細い路地の両側にいろんな食べ物が売られていた。朝市も2回目はさーっと見て満足。思っていたよりまだ時間があったので、地下鉄に乗ってガイドブックに載っていたオーガニックスーパーに行くものの、あいにくお休み。

その近くに大きなホームセンターがあったので入ってみた。食器コーナーには家庭で使う安い湯呑みや皿が並んでおり、アルミのレンゲは1個40円ほど。台湾のトランプと一緒にいくつか土産に買い、地下鉄で中山駅にもどると午後1時。

あと小一時間で空港に向かわなければならない。

おなかはさほど減っていないが、最後に、最後になんか食べたい！　それで、またまた「四海豆漿大王」に行き、またまた鹹豆漿を注文。なんということはないのだが、ほどよい酸味がクセになる。薄いパイのような焼餅も注文し、スープにつけて食べてみた。おなかがすいていたらもっとおいしいだろうなぁと思う。た・べ・

す・ぎ・たーと後悔しつつホテルに戻って荷物を受け取り空港へ。

3DAYカードはめちゃくちゃ便利だった。お金をチャージできるカードもあるのだが、わたしには乗り放題パスのほうが性に合っていた。せっかくだしあちこち行こう！　とポジティブ度がアップする。

早めに松山空港に行き、ゲートのそばのマッサージ店で足裏マッサージ45分を受け、すっきりして搭乗。飛行機が飛びたったことすら気づかないほど熟睡し、あっという間に羽田に着いた。

day 3

四海豆漿大王の豆乳づくしの朝ごはん

夜市で見かけたベビーカステラ
焼きたて〜
かわいすぎ
バイク!!

食べたー

VISAS

13

韓国
Korea

雨の日にはチヂミを食べます

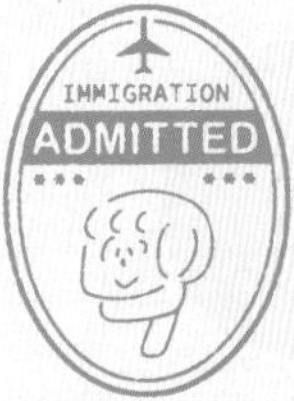

MM0123456

韓国の書店イベントに招かれ、編集者とともに飛行機に乗った。２０１４年、街中のイチョウが金色に輝き始める季節だった。

ソウル市内の書店をめぐり、翻訳本へのサイン会もあった。誰も来てくれなかったら書店のみなさんに申し訳ないなぁと案じていたのだけれど、当日は朝早くから大勢の人が並んでくださっていた。

「これにイラストを描いてください」

家からさまざまな私物を持参される方もいた。手帳、Ｔシャツ、布バッグ。本以外へのサインはご遠慮くださいというルールになっていたようだが、持参されたものにはすべてご要望どおりにサインした。わたしのイラストで喜んでいただけるのならなによりだし、いろんなものに絵を描くのは単純に楽しかった。

ギターを抱えてきた男性もいた。

「えっ、わたしのイラスト入れて大丈夫ですか⁉」

心配になり思わず通訳の方に確認してもらう。大丈夫らしいのでリクエストどおり油性マジックで「すーちゃん」という漫画のキャラクターを描いた。まぁ飽きたら消せるだろうし、とにかくとても喜んでもらえたので安堵する。みなさんいろんなお土産を持ってきてくれて、帰りのスーツケースはもうパンパン！

新聞や雑誌の取材もびっしり詰まっていたが、韓国のエージェントの方々が市内散策の時間ももうけてくださり、一緒にランチをしたり、カフェに行ったり。スタッフはみな女性でちょっとした女子会のような楽しさだった。

カフェでおもしろいなと思ったことがあった。

韓国人の出版社の女性ふたり、日本人のわたしと編集者。四人でケーキを食べようとなり、

「ミリさんはどれがいいですか？」

スタッフの方に聞かれたので、わたしは自分が食べたいケーキを選んだ。

しばらくしてテーブルに注文したものが運ばれてきた。ケーキがふたつと、アイスクリームがひとつ。計3品。ここにいるのは女四人。

誰かひとりだけデザートを食べないのかな？

と思っていたらそうではなく、韓国ではひとり1個デザートを食べるというより、いろいろと注文してみなで分け合って食べるのが一般的なのだとか。

だから、逆に仕事で日本に行ってカフェに入ったときは驚いたと言われた。

「日本の女の子、ひとり1個ケーキを食べておなかいっぱいになりませんか?」

たしかに、おなかはふくれるし軽い罪悪感もある。それも含めてケーキというものだと思っていた。海外でこんなふうに文化の違いに触れたときのワクワク感!

四人で3個のデザートをつっつきあい、和気あいあいのおやつタイム。他の席を見てみれば四人でケーキ2個のグループもいた。

違いといえば、韓国のスタッフの女性にこんな質問をされた。

「日本では雨の日になにを食べるんですか?」

「雨の日に食べるもの?」

わたしは質問の意味が理解できなかった。

聞けば、韓国では雨の日によくチヂミを食べるのだという。

雨が降るとお母さんがいつもチヂミを作ってくれるそうで、

「雨の音を聞くとチヂミが食べたくなるんです」

その人は言った。

「クルタレ」
まゆ玉みたいな
飴菓子
中にはナッツなど
サクサク
これも
おいしかったな

「日本では雨の日に決まって食べるものはないんですよ」

わたしが伝えるとびっくりした顔になったのがかわいらしかった。雨音で恋しくなる料理があるなんてステキすぎる。


雨の日といえば、子供の頃に勘違いをしていたことがある。

北原白秋作詞の「あめふり」という童謡。その中に「じゃのめ」という言葉が出てくる。言わずもがな蛇の目傘のことだが、まだ幼かったわたしは「ジャノメミシン」のことだと思って歌っていた。

おかあさんが「じゃのめ」でお迎えに来てくれるという歌が、わたしの頭の中では、お母さんが「ジャノメミシン」の店の前まで迎えに来てくれる歌になっていた。最寄りの「ジャノメミシン」の店には、ちょうど雨宿りができるほどの軒先テントがあったのだ。

あのお店の下なら、お母さんも雨に濡れずにわたしを待っていられるだろう。

子供は子供なりに親の身を案じていたのである。

さて、韓国の話に戻れば、仕事で訪れるより以前に観光旅行をしたことがあった。

予定はたてずソウル市内をぶらぶら。初めての国はなにもかもが目新しい。街のそここに立つ小さな屋台。通勤途中の女性がふらっと立ち寄り、串刺しのおでんを食べている姿に見惚れてしまった。かっこいい！

いいなぁ、いいなぁ屋台文化。

店に入って食事する時間はないけどなんかちょこっと食べたい……というときにこういう屋台、ぴったりじゃないか。渋谷の街に常設の立ち食いおでん屋台が並んでいるのを想像してうっとり。

滞在中、おいしいお菓子に出会った。ひまわりの種にチョコレートがコーティングされている素朴なお菓子。一袋買ってホテルの部屋で食べてみたところ、やみつきに。ポリポリ、ポリポリ。もう止まらないのである。

ヘルシーだしお土産にもよいではないか。何袋か買い足したが、誰かにあげた記憶がないので自分で食べてしまったに違いない。

というわけで、仕事での韓国再訪で、

「なにか買いたいものはありますか？」

スタッフの人たちに聞かれたとき、わたしは即答した。

「ひまわりの種にチョコレートがコーティングされているお菓子を買いたいです。売っていますか？」

スタッフの人たちは拍子抜けしたように言った。

「どこにでも売っていますよ？」

昔からずっとあるお菓子なのだそうだ。

コンビニに行くと売っていた。ひまわりの種チョコ。

「これです、これです、これがお気に入りなんです」

喜んでいるわたしを見て、みんなも喜んでくれていた。

サイン会に来てくださった方からのかわいいプレゼント

VISAS

14

チェコ
Czech

モーツァルトをプラハの教会で

MM0123456

チェコで古本屋を巡る取材をしたことがある。首都プラハには絵本の古本屋がたくさんあり、店先のダンボールの中にどっさりと売られていた。チェコ絵本は画集のように美しいものも多く、ついあれもこれもと欲しくなってしまう。

プラハ駅近くにある大きな古本屋さんでは、何千冊もあろう古本をパソコンで管理しているようで、こういう絵本を探しているんですとメモ書きを渡すと、

「あなたの探しているのはこれじゃないかしら？」

店員さんがサクサク見つけ出してくれた。それが厚さ5ミリくらいのペラペラの絵本だったので、よくぞこれをこの中から！　と感心してしまった。

チェコの国民的画家ヨゼフ・ラダが生まれ育ったフルシッツェという村にも訪れた。ラダは多くの絵本を手掛けており、とくに彼が描く擬人化された動物たちは本当にかわいらしい。日本でもクリスマスシーズンになるとラダの絵のチョコレートが店先に並んでいる

のを見掛けることがある。

フルシッツェ村はプラハから電車で1時間ほど。そこからは森の中のような道を徒歩で進む。道中、ほぼ人とすれ違わず、マジで大丈夫なんだろうか……と心配になったが、ガイドブックには、

「駅から2キロ、山道を歩いて1時間弱」とあるので前進あるのみ。

森を抜けると村が見えてきた。街の案内板にはラダのイラストが使われており、教会や学校、店などが緑の間にぽつぽつとあった。ラダの絵本の中のような素朴な村を散策しつつ、お目あての「ヨゼフ・ラダ記念館」へ。ラダの絵が展示されている小さな美術館である。

わたしは驚いた。

日本から遠く離れた東欧チェコ。その首都プラハから電車で約1時間、さらに森の中を徒歩で約1時間。たどり着いた小さな村にある小さな美術館の音声ガイドに「日本語」があったのである！　ラダの原画をゆっくり見て、物販コーナーでラダグッズを買い込み、また森を1時間歩き、電車に乗ってプラハへと戻った。

取材といえども、わたしも編集者も初めてのチェコ。自腹だし仕事というより東欧女子

旅である。

巡ってみてわかったが、プラハの街は観光しやすい。見所が離れていないので、プラハ城、旧市庁舎広場など、歩きやすい靴さえあればどんどん見て回ることができる。歳をとってからの海外旅行でも、プラハなら充分楽しめそうだなぁ。

旅の間、無意識にそんなことを考えている自分がいた。

この坂道なら大丈夫、この距離なら大丈夫。

未来の自分の旅のために今の自分が確認しているのである。歳をとったらもうどこにも行かれないのかもしれない、と思う淋しさを払拭したいのだろう。でもへっちゃらだ。わたしにはプラハがある。

プラハ１の人気スポットといえば、やはりカレル橋。全長約５２０メートル、幅約10メートル。大道芸人たちで賑わう橋の両側には立派な聖人像がずらりと30体。野外博物館さながらである。橋の上から眺めるヴルタヴァ川は見飽きることがなく、広々とした景色に胸がすうっとした。

ビールといえばドイツのイメージだが、チェコはピルスナービール発祥の地。国民ひとりあたりのビール消費量は世界一なのだとか。チェコビールが飲めるビアホールが街のあちらこちらにあり、どこの銘柄の生ビールを扱っているかがわかるよう店外に看板が出ている。地元の人々は銘柄にこだわってお店を選ぶそうな。

せっかくなのでガイドブックで紹介されていた「ウ・カリハ」という老舗ビアホールへ。広い店内にはいろんな言語が飛び交っていた。大人数用の長テーブルに外国からの団体客がぎゅうぎゅうに座って盛り上がっている。日本語のメニューも用意されていた。海外のレストランの日本語メニューほど心強いものはない。店にあるものがなんだって選べるんだ、食べられるんだ！　というなんともいえぬ喜び。

さぁ、どんなものがあるのだ。

メニューの和訳がシンプルでわかりやすい。

「焼いた豚肉、蒸しパン、キャベツ」

「アヒルの焼き肉、蒸しパン、酸味キャベツ」

「くん製の豚肉、蒸しパン、キャベツ」

わたしたちは牛肉のグラーシュ（シチュー）とオニオンスープ、チーズフライを注文。もちろんチェコビールも。一番小さいジョッキを頼んだのだが、やってきたのは日本の中生サイズ。周囲を見回せば、みな鼓くらい大きなジョッキでグビグビやっていた。

グラーシュに添えられている蒸しパン「クネドリーキ」。チェコの伝統的な食事パンだ。

日本語メニューには蒸しパンとあるが、正確には茹でパン。ネットで作り方を調べてみたところ、発酵させたパン生地を円柱状にし、お湯に浮かべ20～30分茹でるとあった。蒸しパンに似ているがもっときめ細かい。ふわふわだけど、しっとり。牛肉のグラーシュがクネドリーキによく染み込み、リゾットのようにも楽しめる。

このビアホールにはチェコの作家ハシェクが通っていたそうで、彼の代表作『善良な兵士シュヴェイク』の挿絵を担当したのがヨゼフ・ラダ。ラダの絵がビアグラスやコースターに使われている。ラダのイラストグッズも販売されていたので、カップ&ソーサーやティーポットなど旅先で買ってはならぬ重たい土産を購入。帰りの夜道、わたしのカバンは信じられない重量になっていた。

この旅は航空券とホテルを押さえただけのプラン。せっかくなので現地ツアーにも参加してみた。

プラハからバスで約3時間。世界遺産の街、チェスキー・クルムロフへ。主にチェスキー・クルムロフ城を観光するツアーである。

チェスキー・クルムロフ城は、それはそれは美しい中世のお城。

「なんて凝った建築なのだ！」

ウカリハのオニオンスープ

スープカップもビアグラスもユゼフ・ラダのイラスト

ラダのコースター

チェスキー・クルムロフ城

描いているところ
を見てみたい壁の
「だまし絵」

古本屋さんで買った
昔のチェコの
ポストカード

スーパーのお菓子。
かわいいパッケージ

しかし近づいて見てみれば、外観も中庭もスグラフィット装飾、いわゆる「だまし絵」である。まるで絵画から飛び出したような素敵なお城だった。

現地ツアーは十人ほどで、日本人はわたしたちふたり。いろんな国の観光客が参加していた。チェコ料理の昼食が付いており、同じテーブルを囲んでの賑やかなランチタイム。とはいえ、悲しいかなわたしだけが英語を話せない。適当に相づちを打ち笑顔で参加していたが、「コノヒト、マッタク、ワカッテナイナ」と全員気づいていたはずである。

わたしの隣に座る英語ペラペラ編集者が質問攻めにあっていたので、

「なんの話題だったんですか?」

あとで聞くと、

「国民健康保険制度についてでした」

とのこと。日本の医療費は何割負担なのかを聞かれたらしい。わたしのトラベル英会話本にそんな例文が載っているはずもなかった。

四泊の短いチェコの旅。編集者と別れて自由行動の日にはカフェ巡りを楽しむ。

ヴルタヴァ川沿いにある「カフェ・スラヴィア」は1800年代にオープンした老舗カフェ。緊張しつつ店に入ったのだけれど、地元の人がひとりで新聞を読んでいたり、友達とおしゃべりしていたりと気軽な雰囲気だった。

窓辺の席に座る。

キノコのスープを注文した。旅の日記をつけながら、やはりここでもまた「歳をとってもこの店にはひとりで来られるな」と考えていた。キノコスープは濃厚でクリーミィ。おかわりしたいくらいおいしかった。

プラハの街にはさまざまな建築様式が混在している。ロマネスク様式、ゴシック様式、ルネサンス様式、バロック様式、アール・ヌーヴォー様式、アール・デコ様式、キュビズム様式。○○様式を学びたい人にはもってこいの場所だ。ずっとこれらの違いがこんがらがっていたのだけれど、

「あ、これはルネサンス様式やな」

プラハの街を歩いているとだんだん区別がついてくる。ちなみに「カフェ・スラヴィア」はアール・デコ様式のカフェで、トータル的に考えてわたしの好みはアール・デコという新しい発見があった。アール・ヌーヴォーのようなしなやかさはなく、ちょっと機械的。でもキュビズムみたいにはとんがっていない。

そういえば建築家の黒川紀章さんが、のちに妻となる女優の若尾文子さんに「君はバロックのような人だ」とその美しさを例えたとか。華美で派手でドラマチックということか。

こんな愛の言葉がこの世にあるなんてなぁ。ナニ様式でもいいから、わたしも一度くらいそういうふうに言われてみたかったものである。

プラハひとり散歩。

夜は教会のコンサートへ。毎晩いろんな教会で行われているクラシックコンサートは、当日、教会の入り口でチケットが販売されており、映画を見るくらいの金額である。お客さんたちもみな散歩の途中のようなラフな格好だった。

時間がきて演奏が始まった。小さな教会の中に響く弦楽器の澄んだメロディー。

ああそうか、そうだったんだ。

人は美しいものに出会うために生まれてくるに違いない。

突然こみ上げてきた涙をぬぐいながらモーツァルトを聴いていた、2012年秋のプラハ旅だった。

VISAS

15

イギリス
England

リンゴとプラムとロンドンごはん

MM0123456

学生時代の学校主催のヨーロッパ旅行。全17日間の行程で、イタリア、フランスを巡ったあと、おまけのようについていたイギリス・ロンドン泊。観光はわずか3日間だった。当時の旅のしおりを開きつつ振り返る。

1987年12月29日（火）

パリからエールフランスでロンドン。着後、主なロンドン名所を観光バスでまわったようだ。テムズ川に架かるタワーブリッジはロンドン最大の名所であるが、バスから降り、大急ぎで写真を撮って終了。デカかった、という記憶だけがある。

ロンドン塔にも行ったらしい。はて、ロンドン塔とはなんなのか。検索してみれば中世の城のような外観。王室の居城だったこともあるが、牢獄として使われた歴史のほうが長く、旅の間つけていた日記にはガイドさんから聞いたというロンドン塔のエピソードが走り書きしてあった。

ロンドン塔には羽を切られたカラスがいる。ロンドン塔からカラスがいなくなるとロンドンが滅びてしまうと言われているからだ。

その昔、チャールズ2世（1630-1685）が、占い師にロンドン塔からカラスがいなくなると国が滅びると言われて以来、飼育が始まったとか。カラスはいかなるときも6羽と決まっており、現在でもカラスの飼育係「レイヴンマスター」によって管理されているという。

17世紀から守られてきたこのルール。なんと、2020年に一羽が失踪して騒ぎになっていた。とはいえすぐに別のカラスが補塡《ほてん》されたようで、そりゃ、まぁ、いるだろう「もしものときカラス」。国の存続がかかっているのだ。

初日のスケジュールでは「ウェストミンスター寺院」もまわっている。英国王室の戴冠《たいかん》式が行われる場所としても有名で、故ダイアナ妃の葬儀が行われた場所であるらしい。行ったことを丸っきり覚えていないが、歩いてみたら何か思い出すかもしれない。

スマホのグーグルストリートビューで現地に降り立ってみた。

あった、ウェストミンスター寺院。

入り口付近から建物を仰ぎ見る。ごりごりのゴシック様式だ。

大きなバラ窓がある。10代のわたしはきっと中に入り、このステンドグラスを見て感動したはずだ。なにも思い出せなかったけれど……。

テムズ川の対岸からウェストミンスター寺院を眺めたくなり、スマホのグーグルストリートビューでぴょんと渡って散歩する。

ミライデハ　コンナコトガ　デキルノダヨ。

10代のわたしが知ったらぶったまげるに違いない。


夕食は各自だった。一緒に行動していたふたりの友と一体どんなレストランに入ったのか。旅日記に書かれていた初日の夕食を見て面食らう。

リンゴ2個、トマト1個、ケーキ。

まさか、これが夕食？　ホテルの部屋で食べたらしい。

12月30日（水）

2日目はウィンザー城を半日観光したとある。衛兵交替を見たようだ。ちなみにイギリスの衛兵たちがかぶるあのかさ高い黒い帽子は「ベアスキン」と呼ばれ、その名のとおり熊の毛でできている。

2日目の夕食、リンゴ、プラム

12月31日（木）大晦日

ロンドン最終日、すなわち17日間のヨーロッパ旅行最終日でもある。この日は終日自由行動で友人らと買い物に出かけたようだ。

「なんかあったらピカデリー！」

というのがガイドさんのアドバイスだった。スマホのない時代であるからして、迷ったり、はぐれたりしたら街の中心部にある「ピカデリー広場」を集合場所にしなさいと言われていた。そのせいかピカデリーという単語を聞くと、今でも年の瀬のロンドンを思い出すのである。

ウィンザー城

こんなに大掛かりなのに覚えていないのはなぜだ

ロンドン土産は父に時計。母に手袋、マフラー、パンスト。妹には絵本、靴、カーディガン、フォーク、ボールペン、ペンケースと日記にあった。家族への土産がやたら多いのは海外旅行をさせてもらった申し訳なさもあったのかもしれない。

さして裕福な家でないのはわかっていた。しかし、人生一度でいいからわたしは外国に行ってみたかった。成人式は着物を着なくてもいいと行かせてもらった旅行である。

旅に出たのはユーロ通貨が始まるちょっと前で、

「なんかさ、ヨーロッパってお金が同じになるらしいで」

「へ〜、便利そう〜」

ざっくりとした会話が思い出される。

わたしは18歳だった。

大人の世界に入る前の自分で違う世界を見ておきたい。そんな思いもあったのではなかったか。

ロンドンでの最後の晩餐は言うまでもなく「リンゴ、お菓子」。連日、ゴリラのおやつみたいな夕飯はなぜなのか。街を歩き回るのに忙しく、レストランどころではなかったのかもしれない。

旅日記を読み返せば、どのページからも幸福感があふれている。

「楽しかった」

「来てよかった」

一日の終わり、毎夜ベッドの上で書いていたのだろう。旅行代金を出してくれた親への感謝の気持ちも綴られている。

そうか、楽しかったのか。来てよかったのか。

18歳のわたしがそう感じたのなら、夕飯がゴリラのおやつでも、バッキンガム宮殿（他もろもろ）の思い出を一切合切忘れていてもたいしたことではないのだと思う。

VISAS

16

インドネシア
Indonesia

バリ島、プトゥ君とのお別れ

インドネシアのバリ島に一週間ほど取材で滞在したのは２００１年初夏のこと。ウブドの街の一般家庭に宿泊させてもらうことになった。

お世話になる家の門をくぐると緑いっぱいの中庭があった。その中庭を囲むように、小さな小さな平屋がいくつか建っていた。ご夫婦の家、おばあさんの家、おじいさんと孫たちの家という具合に、本来「部屋」にあたるものが「家」として独立しているのだ。何ＬＤＫなどと表現できない造りで、自宅がまるでコンパクトな街のよう。どの部屋も開けっ放し。小学校から帰ってきた子供たちが、あっちの家こっちの家と行き来して遊んでいるのが楽しそうだった。中庭のある家に憧れるわたしとしては、なんともうらやましい造りである。他にもお手伝いさんの家、下宿人の家、わたしが宿泊したゲストハウスがあり、中庭の奥には家族専用のお寺スペースがあった。

イスラム教徒が大半のインドネシアの中で、バリ島民の約90パーセントがバリ・ヒンド

ゥー教徒。信仰に篤く、朝は神様へのお供えから始まる。葉で編まれた小さな皿に花をのせた美しいお供えもの「チャナン」。それを家寺だけでなく、部屋の中、井戸、洗濯機の上などいろいろな場所に供える。街に出れば車やバイクのイスの上にまでチャナンを見かけた。神様への感謝や無事に暮らせますようにという祈りである。各家で手作りすることが多いが、市場で売られているのを買うこともあるのだそう。

夜明け前の朝市の様子を見に行った。通りに出ると売り物の野菜やお菓子を入れた大きなカゴを頭の上にのせ市場に向かう人々。みなのんびりと歩いている姿が印象的だった。ウブド市場は早朝からものすごい活気。市を出す人々がぞくぞくとやって来て、手際よく商品を広げていく。日本と同じくお米を食べる国なので、もち米を使った色とりどりのお菓子も並んでいた。

夜が明けると観光客が大勢やって来た。バリ島土産といえばアタ製のカゴ。アタとはインドネシアに自生しているシダ科の植物。細い茎の部分を丁寧に編んで作るカゴはとても手触りがいい。デザインも豊富で世界各国の観光客たちが世界各国の言葉で「どれにしようかなぁ」と迷っている姿を見るのもまた楽しい。わたしもいくつかお土産に。積まれたりつり下げられたりしている大量のカゴ。「これはどう？　あっちもいいわよ」。お店の人が背後からおすすめしてくれる中、お気に入りを選んだ。

大判の更紗《さらさ》も一枚買った。わたしは買ったものをすぐ使いたい質《たち》である。買ったアタ製のカゴも即使う。当然、更紗もこの場で使ってみたい。ウブドの女の人たちは更紗をスカートのように巻いていた。わたしも巻いてみたいんです！　お店のお姉さんに身振り手振りでお願いすると、

「あら、あなた巻きたいの？」

お姉さんはなんだか嬉しそうだった。そして棒立ちになったわたしにくるくると更紗を巻いてくれた。

「はい、完成」

一枚の布が一瞬でロングスカートに。涼しいし、動きやすいし、なにより身軽。気に入って帰国後も夏の間は更紗の巻きスカートで過ごしたものだった。

市場の中に簡易なカフェを見つけた。せっかくなのでコーヒーでちょっとひといき。バリのコーヒーは「コピ」と呼ばれ、フィルターを使わず挽いたコーヒーの粉に直接お湯を注いでつくる。砂糖をたっぷり入れてかき混ぜ、粉がカップの下に沈んだ頃に飲み始めるのだ（沈んだ粉は残す）。ちょっとざらざらした舌触りなのだけれど、慣れるとこのざらざらがクセになってくる。常夏の国の甘いコーヒー。子供の頃、大好きだったコーヒーガムを思い出した。ちなみにバリの紅茶はコーラのような瓶入りタイプが一般的で、こ

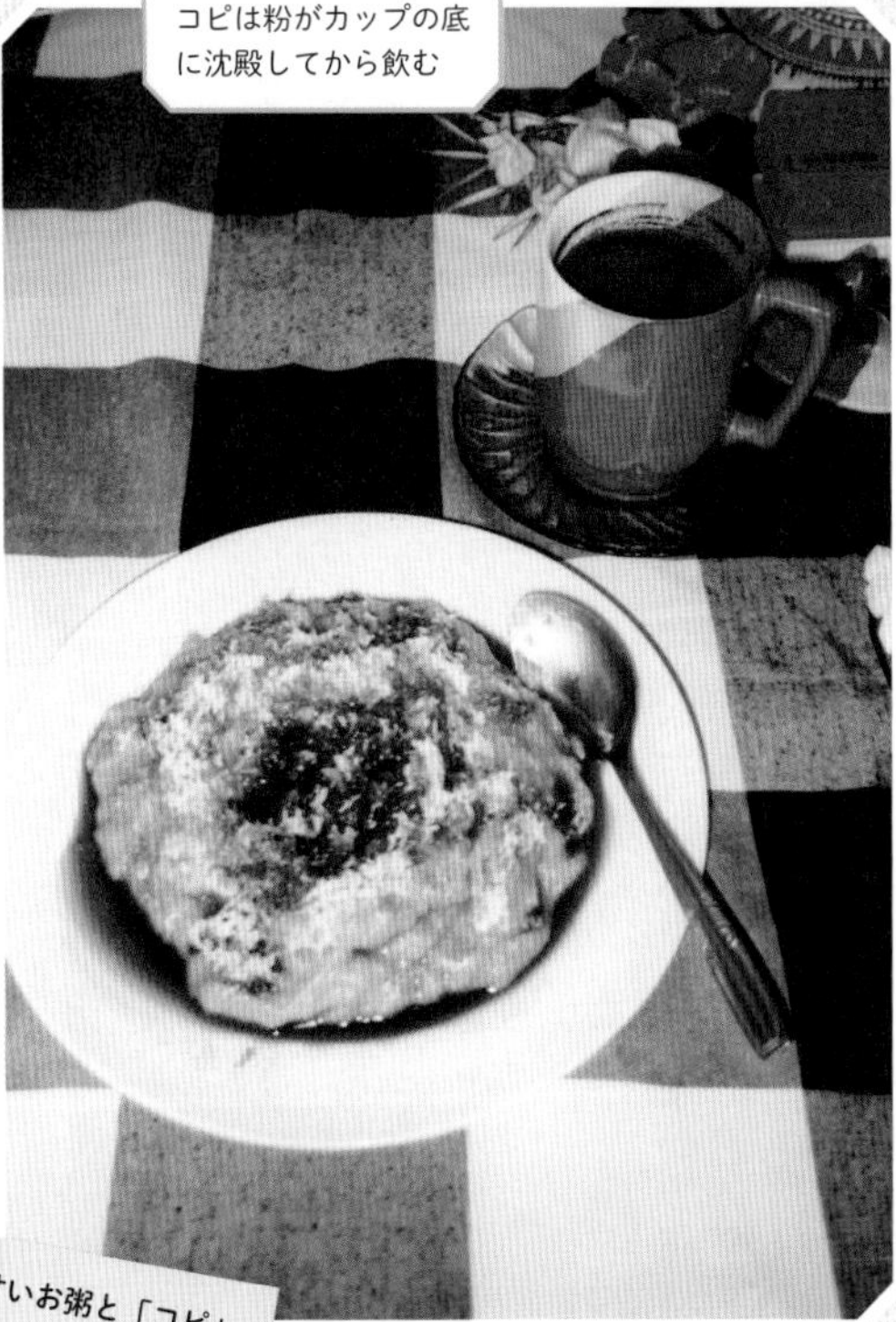
バリの甘いコーヒー。
コピは粉がカップの底
に沈殿してから飲む
甘いお粥と「コピ」

ちらもがっつり甘い。

そういえばバリでは辛いものを食べなかった気がする。とうがらしのソースなどもあったけれど全体的に甘口な印象。鶏肉を串に刺して焼いた「サテ」という料理は日本の焼き鳥（タレ味）のようだった。

食事はスプーンやフォークを使った。ただ、ご飯とおかずがワンプレートになっているような料理はみな指を使って食べていた。お皿のお米を指先で集めてすくい、親指を器用に動かして口に運ぶ。わたしもやり方を教わったが美しく食べるのが本当に難しい。指で食べるにもマナーがあることを知り、それはマナーがないと思っていた浅はかな自分を知るきっかけになった。箸でもナイフ＆フォークでも、そして指でも。それぞれ使い方の美しさがあるのだった。

宿泊先の家にはプトゥ君とマディ君というふたりの小学生の息子がいた。彼らが学校から帰って来ると、取材の合間に三人でよく遊んだ。言葉はまったく通じないので、ひたすらニコニコして過ごすひととき。大切なポケモンカードを見せてもらったり、テレビの「ドラえもん」の放送を一緒に見たり。

ドラえもんが流暢なインドネシア語を話していて思わず感心。

ドラえもん、すごいよ、キミは。一体、何カ国語しゃべれるのだ？　インドネシア語のドラえもんも日本のドラえもんっぽい口調なのがおかしかった。

三人でテレビを見ながら、この子たちは日本の小学生をどんなふうに見ているのだろうと考えていた。ランドセルなるものを背負って学校へ行き、放課後は土管が積まれた公園で遊ぶ日本の子供たち。

人懐っこい弟のマディ君が、わたしのことを「しずか」と呼びはじめた。ドラえもんで知った日本の女の子しずかちゃん。きっと口にしてみたかったのだろう。

「しずか！　しずか！」

いつも転がるようにわたしを呼びに来たが、お兄ちゃんのプトゥ君は照れて言えない。わたしも長子なので、彼が弟のように振る舞えない気持ちがよくわかった。まわりの大人たちはむじゃきな弟に惹きつけられ、それがなんとなく淋しい。弟のように甘えたいのに芽生えた自意識が踏みとどまらせる。それがわかるからいつも弟と同じ分量、話しかけるよう気をつけていた。

10日近く滞在していたのだろうか。いよいよ帰国の日。お母さんが餞別にきれいな更紗をプレゼントしてくれた。日本語が少し話せるお父さんは「ここは、みんなのバリの家だよ」と言った。

弟のマディ君は相変わらず元気いっぱい。お母さんの後ろで隠れるように泣いていたお兄ちゃんのプトゥ君。

「さようなら、ありがとう」

取材陣と共に車に乗り込み笑顔でお別れ。走り出した車の後部座席でこらえていた涙があふれた。

幼かった兄弟はどんな大人になっているのだろうか。長い人生の中で、ほんの少ししかない子供時代。彼らの貴重な時間に一瞬でも参加できたことを、月日が流れた今、感謝したくなった。

VISAS

17

ブラジル
Brazil

女三人リオのスーパーマーケットへ

まあるい地球儀。日本の反対側はブラジルらしい。幼い頃のわたしは公園の砂場からブラジルをのぞいてみようと試みた。

どんどん掘ろう！　そうしたらブラジルに行けるんや。

日が暮れるまで友達と掘りつづけたがブラジルは遠かった。

思えば、砂場ほど想像力を掻き立てられる公園の「遊具」はなかった。囲いの中にただ砂があるだけで、すべり台やブランコのような華やかさはない。なのに遊び方は無限にあった。掘る、盛る、道や家や迷路を造る。宝物を埋めたり探したり。ブラジルにまで行こうとした。砂場で一生懸命遊んだときのあの楽しかった気持ちは、わたし自身がそれを感知しないところで、生涯、わたしを勇気づける力になっているのではないか。

さて、大人になったわたしは砂場からではなく飛行機でブラジルへ向かった。

２０１４年、春。成田空港からアメリカのダラス空港で乗り継ぎリオに到着するまで約

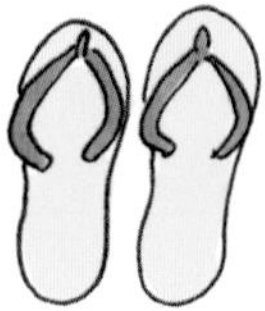

24時間。ダラス空港の入国審査では指紋採取器ですべての指の指紋をとるチェックがあり、全指は初だったので、

「わたしのすべての情報が……」

別になんもしてないのにドギマギしてしまった。

乗り継ぎまで1時間ほど自由時間があり、スタバでちょっと一息。注文時、紙コップに客の名前を書き込むシステムらしく、店員の青年に「ミリ」と告げると、

「いい名前だね！」

みたいに言われて嬉しくなるものの、受け取った紙コップには「MIDI」と書かれていた。

遙か南米ブラジル旅行。まるで旅の達人のようだけれど、わたしの場合はおなじみパックツアー。飛行機の乗り継ぎもすべて同行の添乗員さんまかせ。

ツアーにはわたしの他にひとり参加の女性がふたりいた。見たところひとりは60代、もうひとりは当時のわたしと同じく40代半ば。それぞれの人生を生き、ひとりブラジルにやって来た女たち……だと思うと感慨深かった。

到着後すぐに観光が始まった。24時間かけてやって来たのだから誰も風呂に入っていない。バスの車内はまぁまぁ臭っていたのではあるまいか。

まずはコルコバードの丘観光である。丘の上で両手をひろげる巨大なキリスト像。ブラジルといえば、という名所である。

海抜710メートルの丘に立つキリスト像の足元まで行くため、ロープウェーを乗り継ぎ、最後は長いエスカレーターを使ってキリスト像の背後から近づいていく。あいにくの曇り空で、たどり着いたときには高さ38メートルのキリスト像は雲の中。おなかの上からはなにも見えない。大勢の観光客が雲が晴れるのを待っていた。

しばらくすると真っ白な空から少しずつ両手を広げたキリスト像が現れた。あまりの迫力に周囲からどよめきや歓声があがり、みないっせいにカメラを構えた。

その後、コパカバーナ海岸やイパネマ海岸などをバスの窓から観光し、夕食前には自由時間。ひとり参加の女三人でホテル近くのスーパーマーケットへ行ってみることにした。観光客はバッグを狙われやすいので、手ぶらかスーパーの袋をバッグ代わりにするようガイドさんにアドバイスされた。

スーパーはコンビニほどの広さだった。棚にはスナック菓子やマテ茶やチョコレート、アマゾンの花の香の固形石鹸などがぎっしりと並んでいた。お土産にあれこれカゴに入れてお会計。買い物を終えると、再び気を引き締めながら美しいコパカバーナ海岸沿いを歩いてホテルへと引き返す。

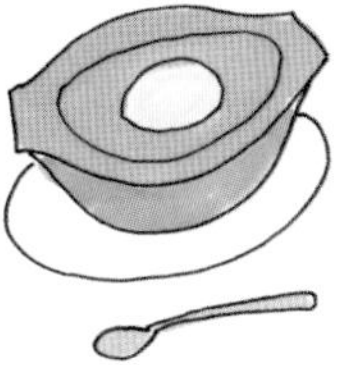

カットパパイヤに
バニラアイスのデザート

ブラジルの交番は
日本をヒントに

スーパーのキッチン
コーナーで買ってみた
ブラシ

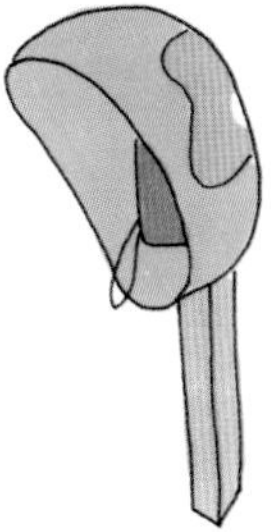

カナブンみたいな
公衆電話

ツアーには朝昼晩とすべての食事が付いていた。ブラジル名物シュラスコはとにかく楽しい。長い串に刺して焼いた肉やソーセージ。それらを店員さんたちが席を回って切り分けてくれ、食べ放題である。ブラジル料理のサラダバーメニューは目にも鮮やか。トゥトゥ・ア・ミネイラ（野菜と豆の煮込み）、ハバータ（牛テールの煮込み）、カウド・デ・フェイジョン（豆やベーコンの煮込み）、リゾットやパスタ、新鮮なマンゴーやパパイヤ。3日通ったとしても全種類制覇できないだろう。

リオのカーニバルはチケット制で観客は厳重なチェックを受けて会場に入る。夜から朝までぶっとおしなので、席に貼りついて観賞するというよりたまに売店コーナーをのぞきに行くなど観客はみな適当に気分転換していた。

わたしが売店のまわりをぶらぶらしているとき、現地のガイドさんが声をかけてくれた。

「ダンサーと一緒に写真を撮ってあげよう」

喜んで彼の後をついて行く。

踊り終えたダンサーたちが出て来る場所に案内された。

「きれいな人がいいよね？」

ガイドさんが、大勢いるダンサーをよけながら金色の王冠を頭にのせた女性ダンサーに声をかけた。そして2ショットで写真を撮ってくれた。

なのにわたしの胸はチクリ。踊り終えたダンサーたちは、老若男女、輝いて見えた。だから「誰か」を選んでもらわなくてもよかったのだ。どなたと写真を撮ってもらってもわたしは嬉しかった。その場でそう伝えられなかったことが心残りだった。

その後、イグアスの滝観光を終えると、サンパウロから再びアメリカのダラス空港へ。ダラスに到着したのは朝の8時だった。

ダラスの名物といえばステーキ。

「乗り継ぎまで時間もあるし、せっかくだからステーキ食べましょうか」

ツアー参加者の数人と空港内のステーキハウスへ。

いいじゃないか、朝っぱらステーキ！

広い店内は貸し切り状態だった。

わたしは店のおすすめというコショウたっぷりのステーキを注文。大きいけれど厚みはなく、外はカリッと焼かれて肉はやわらかかった。

「おいしい、おいしい」

みな、朝ステーキをペロリ。

東京に向かう飛行機の中で、サンパウロの街中で見た花を思い出していた。満開の桜のようにもりもり咲いていた紫色の花。

「きれいだなぁ、どんな香りがするんだろう?」

バスの窓から遠目で見たので香りまではわからない。帰国後に調べるとクワメズレイラというブラジルの春の花だった。

18

アメリカ

the United States
of America

ラスベガスの注意事項

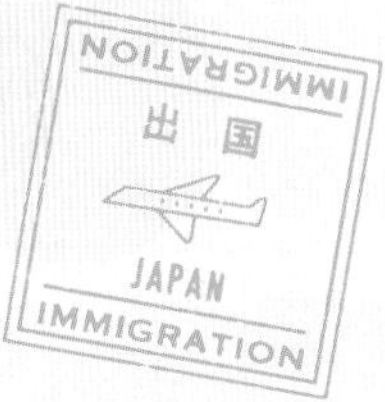

MM0123456

ラスベガスとグランドキャニオン。

インパクトのあるところへ行ったのに記憶はうっすら。まるでピースを紛失したジグソーパズル。覚えているシーンをつなげても決して一枚の絵にはならない。

行ったのは2001年。知り合いの会社の社員旅行に実費で参加させてもらった旅だった。

ラスベガスで宿泊したホテルの一階にカジノがあった。小規模だったので、みなで向かいの大きなホテルのカジノへ行った。

まずはスロットマシン。もし一攫千金の絵柄がそろったときは自分のスロットマシンにしがみついているようアドバイスされた。どさくさにまぎれて台を横取りされることがあるという。横取りされている自分を想像すると恐ろしくなり、

「どうか一攫千金が出ませんように……」

祈るように台の前に座っていた。心配せずとも当たらなかった。

ルーレットも試した。空いている席に座ればいいらしいので緊張しつつ座った。1〜36番までの赤か黒の数字に自分のカジノチップをかける。確かそんな感じ。ルーレットの上を玉が回るのをみなでじーっと見るのがちょっとマヌケでおもしろい。最終的に一万円くらい負けた気がする。それがカジノの思い出である。

ホテルの部屋に戻るとベッドメイキングが忘れられていたので、フロントまで降りて新しいタオルをほしいと頼んだ。すぐに部屋まで持ってきてくれ、お詫びにと館内のバーガーショップの無料券をくれた。せっかくなので翌日ランチに利用したところ日本のハンバーガーの3倍くらいあった。

ラスベガスのショッピングモールではスニーカーを買った。当時、日本でも流行していたナイキの「エアプレスト」。新品をすぐに履いた。スポンジみたいなふわふわした素材でたいそう歩きやすく、旅の間にもう一足買い足した。

つづいてグランドキャニオンである。

現地の日本語ツアーに申し込み、ラスベガスからの日帰り旅行。小型飛行機の窓から見るグランドキャニオンがそれはそれは見事だと聞いていたのだが、パイロットによるアクロバット飛行（サービス）で飛行機酔いし、もうそれどころではなかった。

到着後、グランドキャニオンの壮大な景色をふらふらしつつ眺める。かわいい野生のリスがあちこちにいたが狂犬病を持っているから噛まれないようにと言われ、必要以上に離れて歩いた。

土産物屋で人形を買った。レジの人が人形の説明を熱心にしてくれたが、英語なのでわからない。「サンキュー、サンキュー」と店を出た後、カフェでお茶くらいしたのだろうか？　とにかく帰りの飛行機のことが気がかり。また、あのアクロバット飛行が待っているのだ。

朗報が入った。空港の売店で酔い止め薬が買えるらしい。日本人は小柄なので、錠剤を半分に割って飲むくらいでいいと言われて半分飲み、小型飛行機に乗り込んだ。

「おーい、着いたよ〜」

離陸したのも気づかぬうちに着陸していた。薬に催眠作用があったのだろう。意識をなくすという怖さをこの日わたしは初めて経験したのである。

思い出した。この旅ではサンフランシスコにも寄ったのだ。ただし、ド派手なラスベガス＆グランドキャニオンの記憶がこの薄さなのだから、サンフランシスコの思い出など無いも同然。路面電車で坂道をあがり、港でクラムチャウダーを立ち食いしたこと。夜、霧が出て2メートル先すら見えなかったこと。このふたつくらい。

グランドキャニオン
風が強かった。
飛行機酔いで
実はふらふら

ラスベガスからグランドキャニオンまで小型飛行機で45分ほど

ラスベガス
大当り、怖い
DOUBLE

ラスベガス、グランドキャニオン、サンフランシスコ。

細切れ旅の記憶。けれどもわたしは確かに旅をした。グランドキャニオンで買った人形は今でも仕事部屋の隅からこちらを見て微笑んでいる。このエッセイを書いているときに調べてわかったが、人形はアメリカ南西部の先住民ナバホ族の女性が作ったものだった。時が流れても鮮やかな衣装は色褪せぬままである。

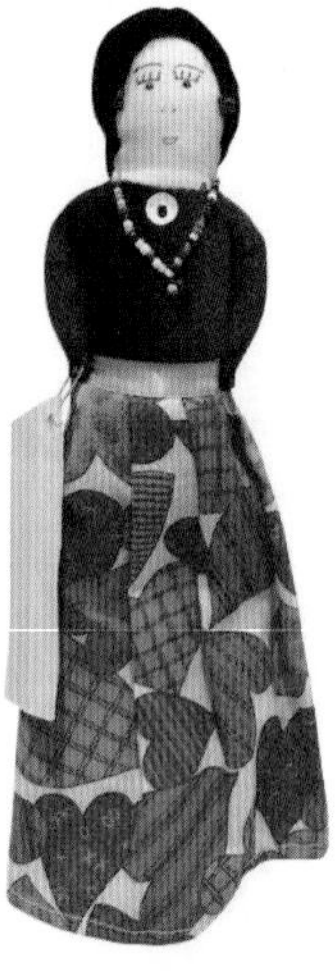

ナバホ族のお人形
付いていた説明書も
そのままに

VISAS

19

ドイツ
Germany

冬のベルリンで焼きソーセージ

ベルリン、ライプツィヒ、ドレスデン。主に旧東ドイツのクリスマスマーケットをめぐるパックツアーに仲良し三人組で参加したのは２０１４年の冬。クリスマスマーケットとはその名のとおりクリスマスシーズンに開催されるマーケット。ツリーのオーナメントやキャンドル、お菓子、生活用品、食事やアルコールの屋台など多いところでは２００店以上も並ぶ大イベントだ。この旅の三年前にひとりでクリスマスマーケットツアー（フランクフルト、ローテンブルク、ニュルンベルク、シュトゥットガルト）に参加し、それがあんまり楽しかったので、行こう行こうとわたしが誘ったのだった。四泊六日の小振りなプラン。当時の旅行日程表をめくりながら記憶の糸をたどっていくことに。

11月27日（木）

成田空港からフランクフルト国際空港へ。機内は三人仲良く並び席。そしてそれぞれ映画三昧。アメリカのマーベル・スタジオ制作の『ガーディアンズ　オブ　ギャラクシー』がおもしろくて旅のテンションがぐんぐんあがるわたし。「今、何見てる？」「それおもしろい？」。映画情報交換＆おやつ交換。日本公開前の新作が見られるお得感をみなで味わう。

フランクフルト国際空港到着。乗り継いでテーゲル空港往きの飛行機に。ホテル周辺に店がないから空港の売店で軽食を買って部屋で夜ごはんにするようガイドさんからおすすめされる。海外旅行で初めてお金を使う瞬間は楽しい。まだ見慣れないお金はおもちゃのよう。空港のパン屋さんのショーケースに「人型パン」が並んでいるのを見て写真を撮る。絵本の中のパンみたいだった。

機内食　フランクフルトへ

人型パン

テーゲ空港到着。初めてのベルリンである。

入国審査が終わって外に出ると観光バスのお出迎え。今宵のホテルへ向かう道中、ガイドさんから明日のスケジュールや連絡事項の説明がある。仲良しでも部屋はそれぞれ個室。旅の間、自分のペースで過ごせる時間は大事である。各自部屋で休憩後、一部屋に集まって空港で買ったあれやこれやをテレビを見つつ食べる。「ガイドさんすごくいい人だね！」。三人の意見が一致。「ホテルのアメニティがおしゃれ！」。これまた意見が一致した。

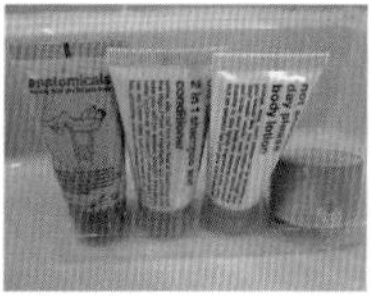

おしゃれアメニティ

11月28日（金）

ガイドさん引率のもとブランデンブルク門へ。高さ26メートル。幅66・5メートル。門の上には四頭立ての馬車と女神。冷戦時代はベルリンの壁に阻まれ通行できなかったが、壁の崩壊後は再び通り抜けら

ベルリンの朝食

れるようになったとのこと。ガイドさんの説明を各自配布されているイヤホンガイドで聴く。

歩いていると、

「マイケル・ジャクソンが泊まったホテルです」

ガイドさんが急に言った。言われれば写真を撮るわたしだった。


観光バスに乗り込みベルリンの壁へ。

「もう、そろそろ見えてきますから」

ガイドさんは言うが、観光バスからの車窓はいたって普通の街並み。道路がありマンションやビルが並んでいた。そこに突然現れたベルリンの壁。１キロ以上つづく壁にはびっしりとストリートアートが描かれていて、観光客がその前で記念写真を撮っていた。

ブランデンブルク門

マイケル・ジャクソンが泊まったHOTEL ADLON

ベルリンのクリスマスマーケットへ。早速、屋台のドイツソーセージ。見回せば同じく屋台の焼きソーセージをおいしそうに頬張る大勢の人々がいた。もうここには壁はないのである。三人で屋台料理を食べつつ土産を見てまわる。「楽しい！」とみんなが言ってくれてホッとする。

つづいてバスで向かったライプツィヒ。下車後、引率されて歩いていると「あちらがバッハ像です」とガイドさん。バッハは人生の大半をライプツィヒで過ごし、ここで眠りについたそうな。バッハ像を集合場所として一同解散。ライプツィヒのクリスマスマーケットで1時間ほどの自由時間である。

日も暮れてクリスマスマーケットのイルミネーションが輝き始める。屋台を見てまわっているとたちまち時間切れ。「バッハ、バッハ」と言いながら集合場所に戻った。

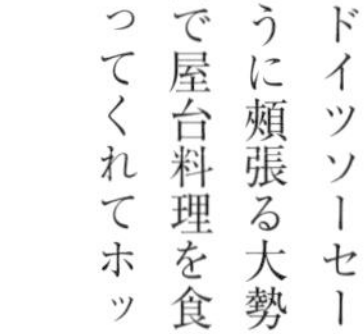
ベルリンのクリスマスマーケット

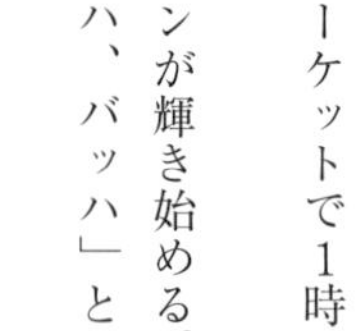
ライプツィヒ

ベルリンの壁

ストリートアートが描かれている

寒空の下、
おいしそうな匂いに
引き寄せられて

ライプツィヒのクリスマスマーケット

ライプツィヒは印刷や出版の街としても有名で、バッハ像のすぐそばにも素敵な本屋さんがあった。

その後、1時間30分かけてドレスデンへ。夕食のレストランの向かいにも小さなクリスマスの市が出ていて、地元の人がふらりと来ている感じが見られて嬉しくなる。

11月29日（土）

ホテルから徒歩でドレスデン観光へ。まずはツヴィンガー宮殿内の絵画館。ガイドさんにつづいて有名どころの絵だけをさくさく鑑賞する。ラファエロの「システィーナの聖母」に描かれた天使たち。「あ、知ってる」と多くの人が思う絵だ。わたしの感想も「あ、知ってる」だった。その後、オペラ劇場ゼンパーオペラ、フラウエン教会などをまわり、レジデンツ城外壁に描かれた「君主の行列」を鑑賞。マイセンの陶板タイル2万5000枚に転写された長～い作品である。

君主の行列

ドレスデン朝食

ニュルンベルク、シュトゥットガルトとともにドイツ三大クリスマスマーケットに数えられているドレスデンのクリスマスマーケット。規模も大きく、屋台の飾り付けも華やか。夜のライトアップが見られなかったのは残念だが、ソーセージを食べ、香辛料の利いたグリューワインを飲み、手作りバームクーヘンを買ってと満喫する。

ツアー旅行というものは参加者の顔ぶれに左右されるところも多く、このツアーでは60代とおぼしき女性グループが場の空気をとても明るくしていた。彼女らはそろってお酒に強く、ランチでレストランに入ったときもビールは全員大ジョッキ。ちなみに大ジョッキは新品のトイレットペーパーをふたつ重ねたくらい大きいのだった。

「ジョッキが重たい！」

笑いながら豪快に飲んでいた。

つらいことや、悲しいことがなかった人はいない。彼女たちにもい

ドレスデンのクリスマスマーケット

ろんなできごとがあったはず。しかし、今日このひとときは大きなジョッキ片手に笑っているのだ。わたしにもこの先いろんなことがあるんだろうが、きっとなんとか乗り越えていけるかも。そんなふうに思わせてくれるような明るい人たちだった。

VISAS

20 タイ Thailand

ボウリング場もぐもぐタイ料理

MM0123456

タイのバンコクでボウリングをした。

仕事の取材でお世話になった宿泊先のスタッフみんなで、夜のボウリング場へと繰り出した。ボウリング場に入るとなんだかいい匂い。なんと、ボウリングしながら食事ができるのだ。投球する順番を待つ場所に大きめのテーブルがあり、それを囲むように椅子が並んでいる。みな注文した料理を食べつつボウリングを楽しんでいた。その料理にしたっておつまみ的なものではなく、揚げたて、焼きたてのタイ料理。

おいしいおいしいと食べ、

「あ、次、わたしです」

口をもぐもぐさせながらのボウリング。

わたしは、今、生きて、ここにいる～

という感情が溢れ出てくるようだった。からだの内側と外側全部で楽しんでいたのであ

る。

タイではビールに氷を入れて飲むのが一般的だそうで、お酒が強くないわたしでも薄まってちょうどよい。

バンコク滞在中にいろんなタイ料理を食べた。

「トード・マン・プラー」は日本で言うところのさつま揚げ。ナツメグやクミンなどさまざまな香辛料が魚のすり身に練り込まれ揚げてある。

カブトガニも食べた。「生きた化石」とも言われる、あのカブトガニである。

えっ、あれって食べられるんだ。

料理が運ばれてくるまでそわそわ。

同じ場所で暮らしているかぎり、我々はおおよそ近所のスーパーに並んでいるものだけを食べて一生を終える。「食べられるもの」に変化がない。

書店で『じつは食べられるいきもの事典』という本を買ってみたら、えっ、あれって食べられるんだ！　がいっぱいあった。たとえばカラス、クジャク、ラクダ。イギリスにはジビエ料理としてリスのパイがあり、パラオではコウモリを姿煮スープで食べるという。逆に日本以外ではあまり食べられていないものとして、タコ、ナマコ、フグ、ウニなどが紹介されていた。こちらからすれば「えっ、これって食べないんだ？」である。そういえばインドネシアのバリ島へ旅したとき、地元の方々に日本から持参した海苔で海苔巻きを振る舞ったところ、みなおののいていた。黒い食べ物は珍しいのだと言っていた。

話は戻ってカブトガニ。甲羅を裏返し皿のようにして出てきた。焼いてあったのか、蒸してあったのか。調理法は忘れたがびっしりと入っている卵を食べるそうで、味にはかなりのクセがあった。ちょっぴり苦い。ほんの味見程度で手をつけずにいると、

「もういいの？　いらないいなら全部食べちゃうよ？」

地元のスタッフの女性がおいしそうに食べていた。その笑顔がかわいらしくて、こちらまでつられて笑顔に。

そういえば、人生で初めてタイ料理を食べたのはいつだっただろう。

上京後、友人らと原宿のタイ料理屋さんに行ったのは覚えている。トムヤムクンに入っていた唐辛子をパプリカと思って食べたわたしは、途中から洗面所でずっと自分の舌を洗いつづけることになったのだった。

タイの三大寺院のひとつ「ワット・アルン」へも出かけた（ようだ）。高さ80メートルもある巨大な仏塔の前で笑っている写真のわたし。なにも思い出せない。

黄金の涅槃《ねはん》仏のことは覚えている。タイ古式マッサージの総本山でもあるお寺「ワッ

カブトガニ

生きた化石が
お皿の上に

たまごを食べる。苦みがある

タイの屋台

かわいいホーロー鍋。
お土産に欲しくなる

ト・ポー」。通称・ねはん寺。その名の通り巨大な金色の仏像が横たわっていた。涅槃像とは、教えを説き終えようとしている、あるいは説き終えた姿であるとか。ワット・ポーの涅槃像は全長46メートル。みな写真を撮るのに苦労していた。涅槃仏はたいそうおだやかな表情だった。

タイ。暑い国である。

「地元の人はすぐそこまででも車に乗って出かけて行くんですよ」

と現地コーディネーターの青年。確かに、たまの夏ならがまんもできようが、年中暑いのだからがまんは禁物である。そのくせ彼は長袖のシャツで現れることがあった。長袖を着るのが若者たちにはオシャレであるらしい。

「すてきだね！」

と言うと照れくさそうに笑っていたが、額からは汗が噴き出ていた。オシャレのために無理ができるのもまた若者の証である。

彼がこんな話もしてくれた。

「タイの人は欲しいものがあったらお金がなくてもすぐ借金して買います。車とかバイクとか。取りあえず先に手に入れてお金を返していくという感覚です」

返せなくなったら手放せばいいや、的な？

タイのレストラン
テーブルにある
4つの調味料
唐辛子
グラニュー糖
酢
ナンプラー
自分好みの味に
みんな
すごい
入れる!!
へー

それを聞いたとき、それも悪くないかもなと妙にわたしの胸に響いたのだった。

子供の頃のわたしはもらったお年玉を使わない子だった。妹がおもちゃや人形を買っているのを見ては「お金が減ってしまうのに」と冷めて見ていた。そのくせ、妹が買ったものがうらやましいのである。

今ならお年玉くらいパーッと使えばよかったじゃないかと思う。齢50を過ぎれば欲しいものも少なくなっている。ステキな洋服を見かけても「これ買ってわたしどこ行くん？」とつい思ってしまう。

いやしかし一度きりの人生ではないか。ステキな服を着て家の近所をうろうろすればよいのである。

タイを訪れたのは2001年。タイの人々のおおらかな金銭感覚に再び感化されているわたしなのであった。

21

デンマーク
Denmark

コペンハーゲンひとり誕生日会

MM0123456

ノルウェーのトロムソ空港からトロンハイム空港に向かう小さな飛行機は、途中、ボードー空港に着陸した。数人の乗客が降り、また数人が乗ってきた。

わたしは自分の席からその様子を見ていた。

この街で生まれ育っていたら、わたしはこのボードー空港から旅に出るのだなぁ。人はひとつの人生しか生きられない。わたしはわたしでしか生きられない。本当にたった一回きり。ボードーで生まれ育ち直すことは絶対にできない。わかりきったことなのに、なぜかボードーからこの飛行機に乗り込んでくる自分を思い浮かべずにはいられない。

トロンハイム空港で乗り継ぎコペンハーゲン空港まで約2時間。オーロラ観賞のパックツアー一行は海を越えてデンマークに入った。滞在は一泊だけ。デンマークではオーロラ観賞はなく、翌日、コペンハーゲン市内を半日観光して帰国である。

ホテルでチェックインを済ませれば終日自由行動。日本から同行の添乗員さんが、

「繁華街まで一緒に歩いて行きたい人はご案内しますので、30分後にロビーに集まってください。繁華街で解散しましょう」

親切に言ってくれた。

わたしはツアーにひとり参加だったので迷わず案内してもらうことに。時間通りロビーに降りていくとツアー参加者が全員いたのだった。

今では日本の道路にも自転車専用レーンを見かけるようになったが、わたしはコペンハーゲンで初めて見て「なんと便利なものよ！」と驚いた。

「自転車レーンに入ってぶつかったとしても歩行者が悪いことになりますから気をつけてください」

と添乗員さん。うっかり入らぬよう要注意である。

繁華街まで案内してもらい、てんでばらばらに解散。15時過ぎだっただろうか。賑わう街をひとり歩き出した。

行きたい店があった。デンマーク発祥のスーパーマーケット「イヤマ」である。イヤマちゃんという少女がキャラクターで、その絵のオリジナル商品がたくさんあるらしい。

１８８６年創業の「イヤマ」はいわゆる高級スーパーマーケット。店内は広々として、商品のディスプレイも洒落ている。買い物カゴを手にした瞬間、アドレナリンが溢れ出た。

海外のスーパーマーケット、大好き！

イヤマちゃんチョコレート、イヤマちゃん紅茶、イヤマちゃんエコバッグ。

あれこれカゴに入れていたところ、ご高齢の女性に声をかけられた。「日本に行ったことがあるのよ」と伝えてくれているようだった。言葉は通じないが笑顔で別れた。

買い物のあとカフェに入った。せっかくなのでサーモンの「スモーブロー」を注文する。薄くスライスされたパンの上に具をのせるオープンサンドイッチ「スモーブロー」。ニシンの酢漬けやゆで卵、チーズやハムなど様々な種類がある。デンマーク名物としてガイドブックに紹介されているが、現地ガイドさんは「スマーボー」と発音していた。ちなみにデンマーク語でスモーはバター、ブローはパンである。

この日はちょうどわたしの誕生日だった。窓辺の席に座りスモーブローを頬張りながら通りを歩く人々を眺めた。

わたしが生まれた冬の朝。父と母は想像もしなかったに違いない。目の前にいるこの小さな赤ん坊が、遠いコペンハーゲンの街で42歳の誕生日を迎えるということ。

「元気でやっておりますよ」

若い両親に伝えに行きたいようなコペンハーゲンの夜だった。

スーパーマーケット イヤマ
広々とした店内。
お土産探しにぴったり

1886年創業　デンマーク最古のスーパーマーケット

お土産にいくつか買った
イヤマのエコバッグ

翌日は観光バスで市内観光へ。

まずは人魚姫像である。デンマークを代表する作家アンデルセンによる童話『人魚姫』。彫刻家エドヴァルド・エリクセンによって制作され、コペンハーゲンの港に1913年から公開されている。

アンデルセンの『人魚姫』。どんな結末にもできるというのに、作者はなぜ人魚姫を海の泡にしてしまったのか。なぜ王子様と結ばれめでたしめでたしではないのか。幼い頃のわたしの頭の中は「なぜ？　なぜ？」でいっぱいになっていた。

人魚姫像は岸から数メートル先の海の岩に腰掛けていた。わたしが見たときは海の上にいたが、潮が引けば像まで歩いて行けるのだとか。人魚姫像は大勢の観光客にカメラを向けられ所在なげだった。物語の中の彼女を知っているから切なくなる。そこにいるのは命がけで恋をした女の子なのだ。

その後、アマリエンボー宮殿での衛兵交替を見学し、カラフルな建物が並ぶニューハウン地区を見てまわった。

「デンマークは汚職が少ない国ランキング世界一なんですよ」

現地ガイドさんがバスの中で教えてくれた。「ほほぅ〜」とみなで感心。わたしはそん

スモーブロー

ボリュームたっぷりオープンサンド

コペンハーゲン繁華街

レストラン、カフェ、商店
が並ぶ歩行者専用道路

なランキングがあるのすら知らなかったので人知れずそのことにも感心していた。ちなみにこの旅をしたのが２０１１年。10年後の２０２１年発表の腐敗認識指数国別ランキング（ガイドさんいわく汚職が少ない国ランキング）の一位は同じくデンマークだった。つづいてニュージーランド、フィンランドときて、日本は１７９カ国中19位という結果である。

つかの間だったデンマーク旅。もう一度訪れることがあったら、いの一番に「イヤマ」に行きたい。

22

フィンランド

Finland

ヘルシンキ、かわいい挨拶「モイ！」

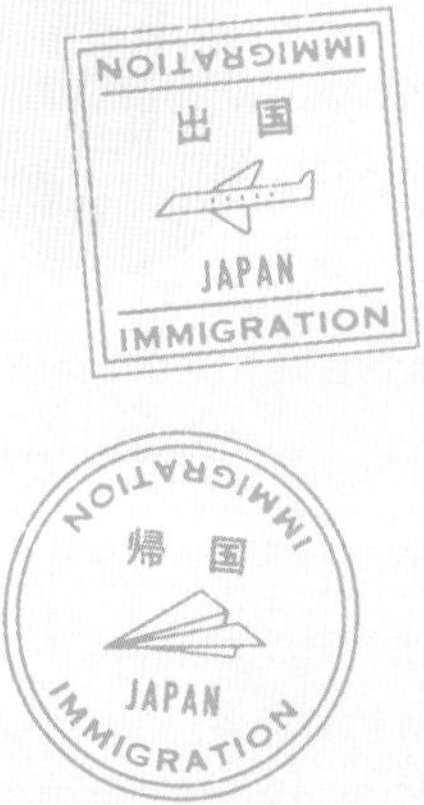

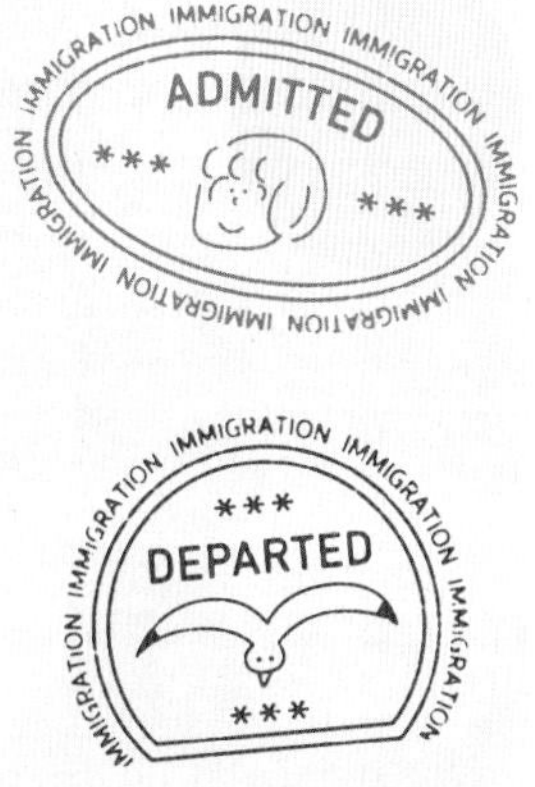

MM0123456

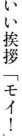

一番多く旅した国はフィンランドである。

首都ヘルシンキにはかわいらしいトラムが走り、港には毎日市が立ち、人々は親切で朗らか。イルミネーションが輝くクリスマスシーズンにも行ったが、やはり爽やかな夏がいい。

夏は白夜。11時くらいまでなら余裕で明るい。深夜12時を過ぎても真っ暗にはならず、ずっと夕暮れのよう。この季節、ヘルシンキの中心部にあるエスプラナーディ公園には夜の8時過ぎからピクニックを始める人たちもいて、みなシートなど敷かず芝生の上にごろり。太陽の下でおしゃべりを満喫していた。

ほんの1週間でいい。日本にも白夜があればいいのに。

なにをしたいわけでもない。「今日がたっぷりあるな～」と思って過ごすだけでも楽しそうではないか。

しかしながら、フィンランドの人々にとっては夏中が白夜。夜の時間がくるとカーテンをしめ、ちゃんと夜っぽく暮らすのだそう。旅行者のわたしはホテルのカーテンをしめるのがもったいなくて、寝るぎりぎりまでひらいていた。

真夜中、ホテルの窓から白夜の街を見下ろしていると、時折、人が通り過ぎていった。みな寝入っている時間だから、誰もわたしに見られていることに気づいていない。なぜかふいに泣きそうになった。人間は白夜のようには生きられない。あの人も、そしてわたしも。我々はいつか絶対に死んでしまう。永遠に夜がこない人はひとりもいないのだった。

フィンランドの通貨はユーロである。チップは不要で、カフェでコーヒー一杯飲むにしても支払いはカードを利用するのが一般的。ここでの暮らしでは現金をほとんど使わないのではないか。

英語教育がしっかりしているので街の店員さんたちはみな観光客には流暢な英語である。フィンランド人同士の挨拶はもちろんフィンランド語。それがものすごくかわいらしい。たとえば本屋さんのレジにフィンランド人のお客さんがくる。店員さんは「モイ」。お客さんも「モイ」。やぁ！　とか、元気？　みたいな軽い挨拶は「モイ」である。「モーイ」

ヘルシンキの街

真夜中、ホテルの窓から外を見ていた

オールド・マーケット
で買ったピスタチオ
のおやつ

マリメッコファッション
街でもよく見かけた

とか「モイモイ」と言う人もいる。誰かのかわいい「モイ」を聞きたくて、レジ近くを通るたびいつも耳をすませていた。

港のオールド・マーケットホールはヘルシンキの観光名所のひとつ。肉や魚、お菓子やパンを売る店が並び地元の人や観光客で賑わっている。人気のスープ屋がありランチタイムはいつも行列。テーブルのパンは自由に食べることができるので、スープでもしっかり一食になる。

ヘルシンキは美術館や博物館が点在しており、ムーミンの作者トーベ・ヤンソンの大きなフレスコ画が観られるヘルシンキ市立美術館をはじめ、国立近代美術館キアズマに、アテネウム美術館、フィンランドのデザインの歴史がわかるデザイン博物館など、すべて徒歩でまわることができる。

散歩の途中よく利用したカフェは、エスプラナーディ通りにある「カフェ・エスプラナード」。フィンランド人はひとりでお茶をするのも好きらしい。コーヒーの消費量が世界一といわれる国である。友と飲んだりひとりで飲んだり。日に何度もカフェを利用するのかもしれない。

カフェ・エスプラナードのショーケースには毎日たっぷりとケーキやパンが並んでいる。人気のシナモンロールは一食抜きになるくらい大きい。店内には仲睦まじい恋人同士や、パソコンで仕事をしている人たち。

「長い地球の歴史を思えば同じ時代を生きているという点で、もはやみんな知り合いみたいなもんやな」

ここのカフェにいると不思議とそんな気持ちに。夜の9時までオープンしているので旅日記をつけるのにもちょうどよい店だった。

最後にフィンランドをひとり旅したのは2019年の12月。ヘルシンキのクリスマスマーケットで毛糸の帽子を買ったとき、店の青年に「ジャパニーズ?」と聞かれた。「イエス、イエス」。わたしのつたない英語でしばらくおしゃべり。

「来年、日本に行くんだよ。富士山に登るんだ」

彼はとても嬉しそうだった。

しかし、年が明けると世界は新型コロナの渦に巻き込まれていった。彼の日本旅行も叶わなかっただろう。

いつか富士山に登れるといいなぁ。

もし東京の街で会えたら「モーイ!」と声をかけたい。

カフェのレジまわり。小さなお菓子たち

夏のフィンランド。ベリーのジュース。青いストローが国旗をイメージさせる

スーパーで買ったスープやチョコレート。かわいくてうっとり

フィンランドの
ポルヴォーという街で買った
小さなモール人形

VISAS

23

エストニア
Estonia

タリンでホットチョコレート

MM0123456

フィンランドから船に乗ってエストニアの首都タリンへ。

片道約2時間。大型客船で海を進みながら、頭の中で世界地図を広げた。

もうすぐ到着するエストニアの先にはラトビア。その向こうにリトアニア、ベラルーシ、ポーランドなどがある。

小学校の教科書に載っている世界地図を初めて見たとき、自分と世界が繫がっているとは思えなかった。

大人になってもきっとわたしは外国へ行くことはないんだろう。

まるで宇宙に行くのと同じくらいどこも遠い場所だった。

フィンランドからエストニアへと渡っているときも、

「地図にあったあの海を、今、わたしは本当に渡っている？」

おもちゃの船を絵本の上ですべらせているように現実味がなかった。

船はデパートを何個か合体させたくらい巨大だった。乗客は約３０００人。レストランやハンバーガーショップ、免税店などがあり、無料のコンサートまで行われている。船内の様子を例えるなら大きなカフェのよう。決まった席はなく、好きに座ってよい。テーブル席もあればソファ席も。カウンター席でパソコンに向かっている人々もいる。窓側の席はすぐにうまり、みな軽食やビールを楽しみながら短い旅を楽しんでいた。

下船後、タリンの旧市街までは徒歩で15分ほど。旧市街は世界遺産に登録されており、三角屋根の塔やパステルカラーの家々などかわいい写真スポットが盛りだくさん。城壁を利用した土産物屋が並ぶ一角は「セーターの壁」と呼ばれており、セーターはもちろん、手袋やマフラーなどニット製品が売られている。凝った手編みの手袋はお土産にも喜ばれた。

「マイアスモック」というカフェでちょっと一息。１８６４年創業の老舗カフェで、ショーケースに並ぶケーキのかわいらしいこと！　手作りのマジパン細工が有名で、職人さんが絵付けしている様子を見ることができる。

ネコ、リス、ネズミに小鳥。

表情豊かなかわいいマジパン。

買ったところでスーツケースの中で粉々に割れてしまうのが目に見えている。自分土産にチョコレートを購入したあと、マジパンの写真を撮っていいか聞いてみた。どうぞどうぞと言われて数枚撮影。日本に帰ってから写真を見つつ紙粘土で再現してみたけれど、あんなにかわいくはできなかった。

カフェを出て、石畳の道を気の向くまま散策した。旧市街の城壁の中に入ってしまえば地図を見ずに適当に歩き回っても迷子にはならない。ぐるぐるまわっていても自然にラエコヤ広場に出るのだった。

街の中心にあるラエコヤ広場。

周囲にはレストランや土産物屋が並び、冬にはクリスマスの市が立つ。ラエコヤ広場のクリスマスマーケットはヨーロッパで最も古いといわれており、クリスマスシーズンに訪れたときには、ホットワインを片手にマーケットを見てまわる人々でたいそう賑やかだった。

散歩中、建物と建物の間にある共用の小さな中庭に何度も出くわした。

中庭が好きだ。

小さな空間に安心する。

我が家に中庭があったとしたら、そこでなにをしよう?

なにをせずとも「ある」ことが嬉しいのかもしれない。そういえば子供の頃、たんすと壁の隙間に入るのが好きだった。

エストニア。青、黒、白の三色の国旗。人口約133万人。面積は九州より少し大きいくらい。IT先進国で国民の98パーセントが電子IDを持ち、行政サービスの大半が電子化されているのだとか。あのスカイプを発明した国でもある。実家の親の顔を見ておしゃべりできるのもスカイプのおかげ。ありがたいことである。

ありがたいといえばエストニアの名産、麻製品。土産に買った麻のテーブルクロスは、発色がよくて本当に美しい。あり合わせの夕飯を並べても何割増しか豪華に見せてくれる。我が家で麻のクロスを広げるたびにタリンの街を懐かしむのだった。

マイアスモック
老舗カフェ。クラシカルなインテリア。ケーキやチョコはカフェコーナーでも

素朴なかわいらしさ。こんな置物があったら！

マイアスモックのマジパン

タリンの街並み

カラフルな家々。次の角を曲がるのが楽しみな路地

麻のクロス。色鮮やかで使うたびに明るい気持ちに

おわりに

初めての海外旅行。当時の旅日記にはこんなことが書いてあった。

「その日、その日のことだけ考えて過ごすのっていいなと思う。バイトのことも学校のこともなんにも考えなくていい。今日一日をどう楽しく生きたらいいかを考えるだけでいい。　１９８７年　12月24日クリスマスイヴ　18歳、フィレンツェにて」

イタリアを旅したのはこの一回きり。叶うならまたいつか再訪し「今日一日をどう楽しく生きたらいいか」を考えるだけの旅をしてみたい。

２０２２年　夏　東京にて

益田ミリ

参考資料

『るるぶ　イタリア　'21』
（JTBパブリッシング）

『るるぶ　スペイン　'21』
（JTBパブリッシング）

『中世の街と小さな村めぐり　ポーランドへ』
（藤田泉著／イカロス出版）

『るるぶ　シンガポール　'21』
（JTBパブリッシング）

『赤毛のアン』
（ルーシー・モード・モンゴメリ著　村岡花子訳／新潮文庫）

『私的台北好味帖』
（内田真美著／アノニマ・スタジオ）

『るるぶ　台北　'17』
（JTBパブリッシング）

『るるぶ　ブラジル・アルゼンチン』
（JTBパブリッシング）

『じつは食べられるいきもの事典』
（松原始 伊勢優史著・ぽんとごたんだ 絵／宝島社）

益田ミリ（ますだ・みり）

1969年大阪府生まれ。イラストレーター。主な著書に、エッセイ『永遠のおでかけ』（小社）、『考えごとしたい旅　フィンランドとシナモンロール』（幻冬舎）、『小さいわたし』（ポプラ社）、『しあわせしりとり』（ミシマ社）、『かわいい見聞録』（集英社）、『小さいコトが気になります』（筑摩書房）他、漫画『ミウラさんの友達』（マガジンハウス）、『沢村さん家のこんな毎日』（文藝春秋）、『こはる日記』（KADOKAWA）、『マリコ、うまくいくよ』（新潮社）、『お茶の時間』（講談社）など。絵本に『はやくはやくっていわないで』（ミシマ社、絵・平澤一平）などがある。

本書は日本経済新聞夕刊連載（2021年1月5日～6月22日）を書籍化にあたり、加筆・改編・改題し、まとめたものです。

毎日文庫

タイムトラベル世界《せかい》あちこち旅日記《たびにっき》

印刷 2022年7月20日
発行 2022年7月30日

著者 益田《ますだ》ミリ
発行人 小島明日奈
発行所 毎日新聞出版
東京都千代田区九段南1-6-17 千代田会館5階
〒102-0074
営業本部：03(6265)6941
図書第二編集部：03(6265)6746
ブックデザイン 鈴木成一デザイン室
印刷・製本 光邦
 ISBN978-4-620-21046-9